BETTINA SCHOLZ

OST/WEST

UND DAS SÜDLICHE ORAKEL

Herausgegeben von Max Dax
und Matthia Löbke

KUNSTVEREIN HEILBRONN · SNOECK

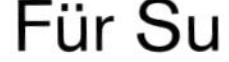

Für Su

Inhalt

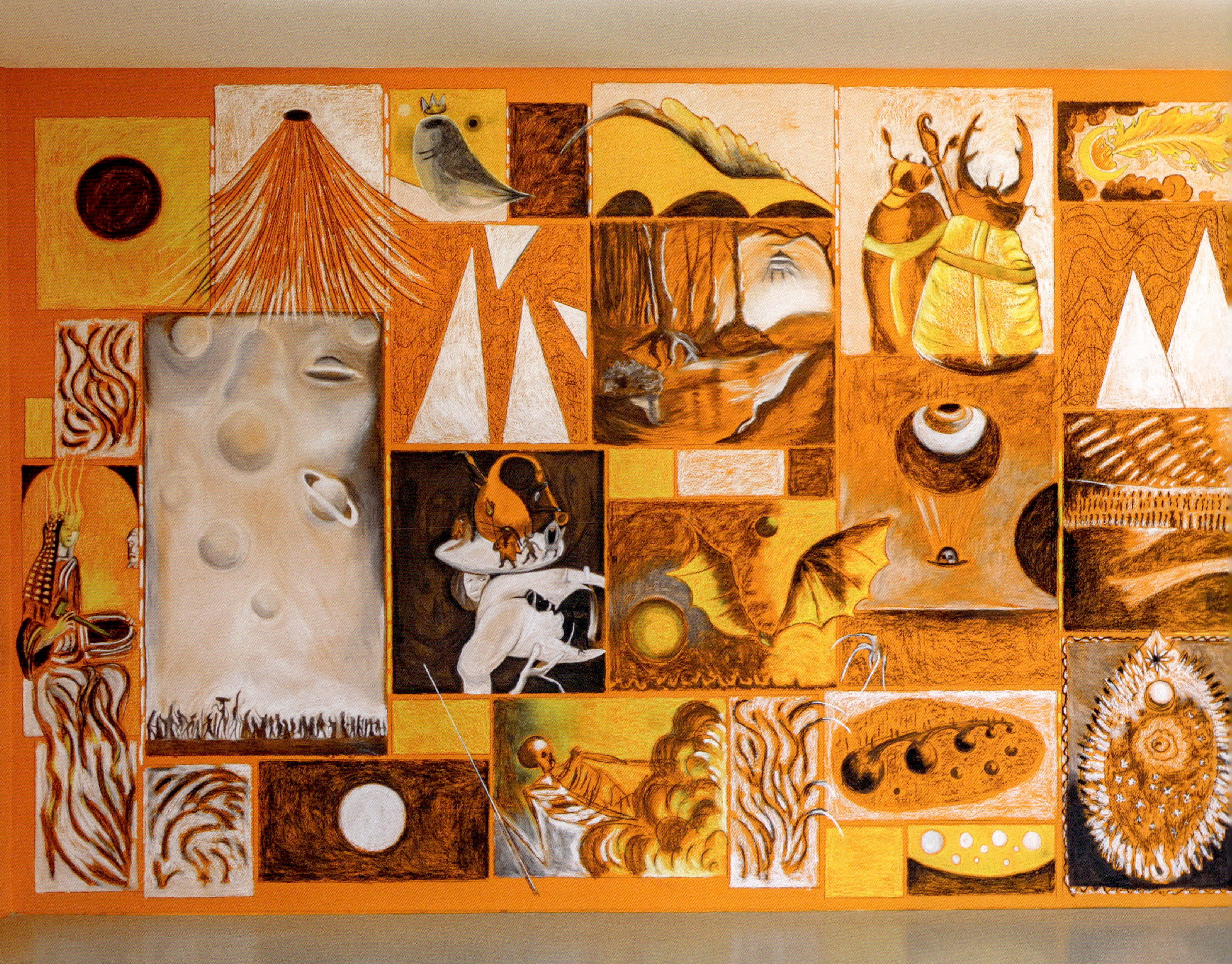

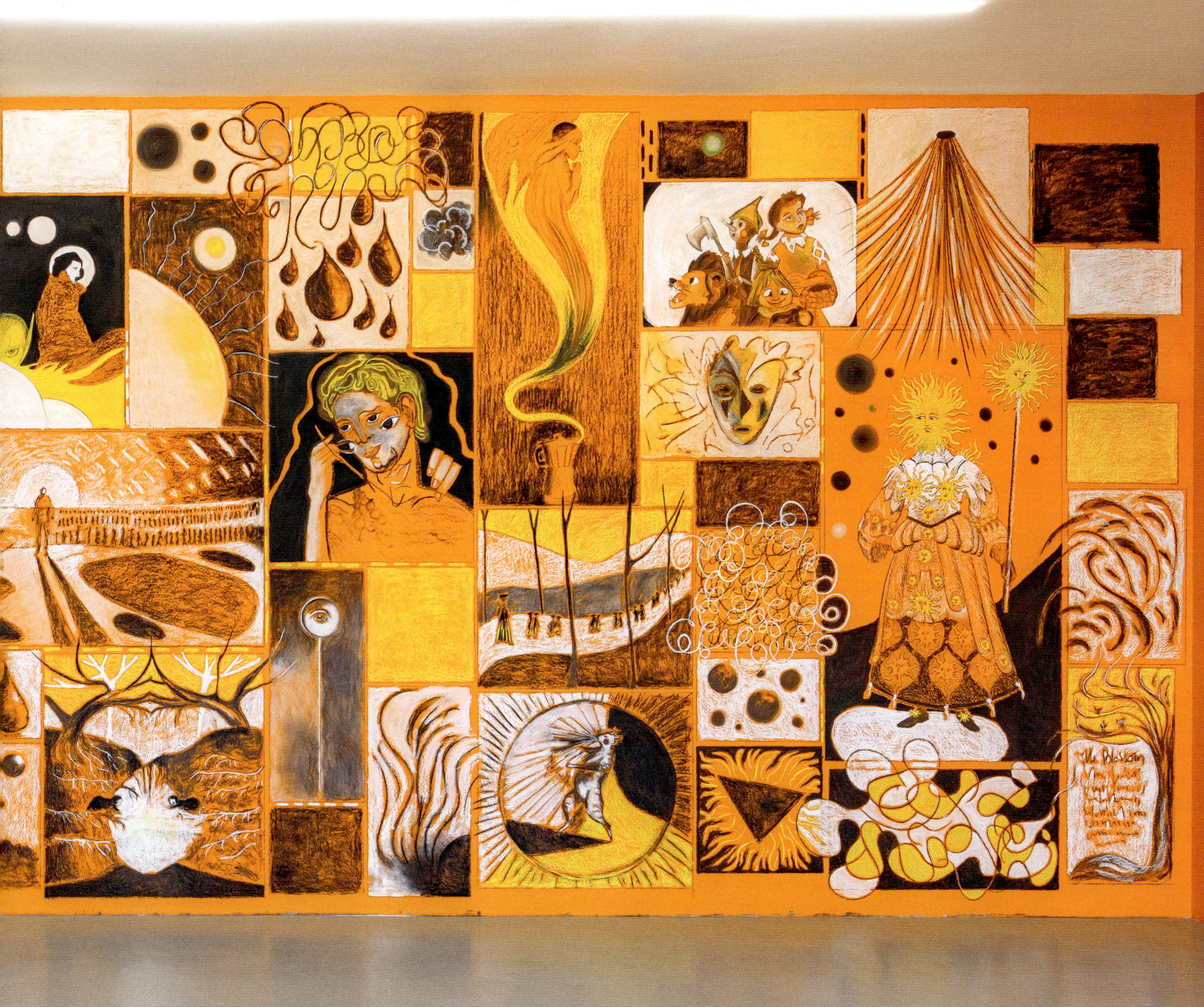

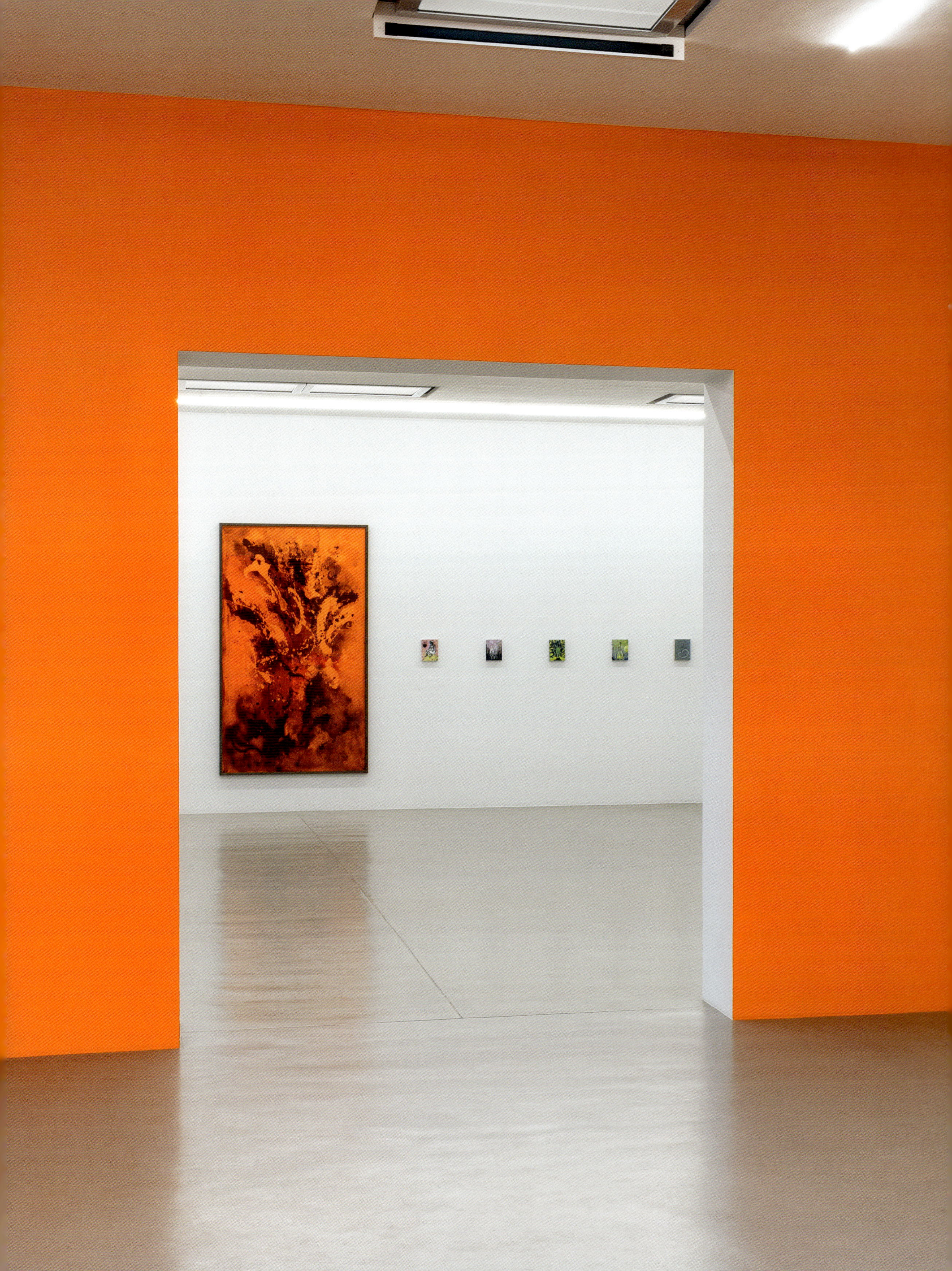

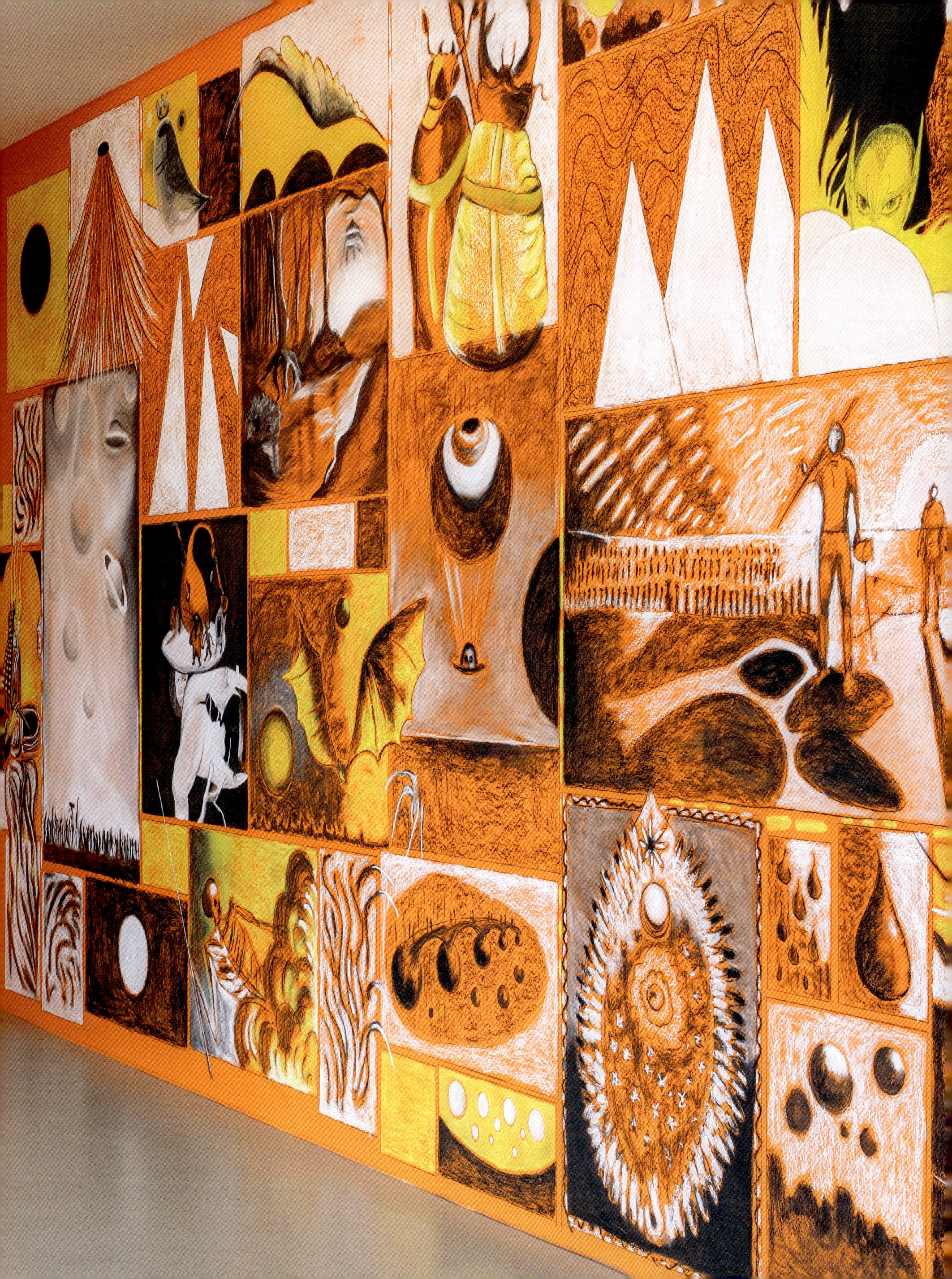

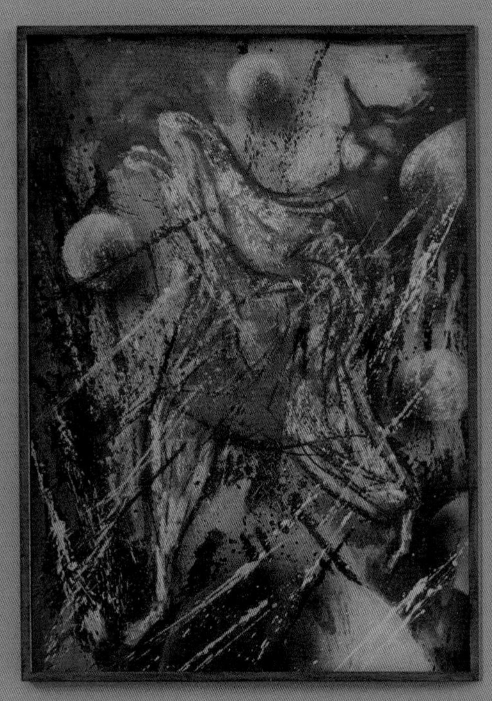

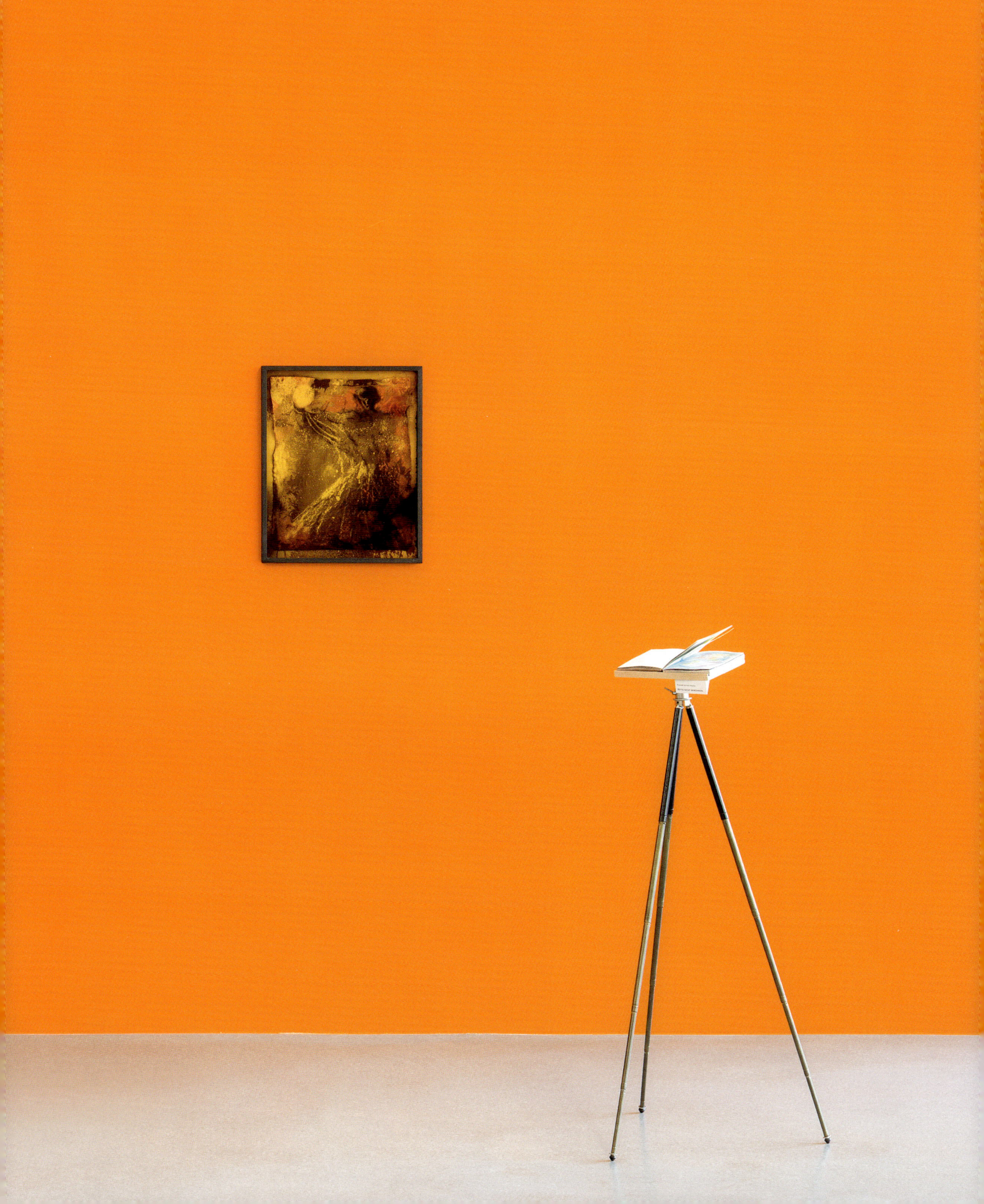

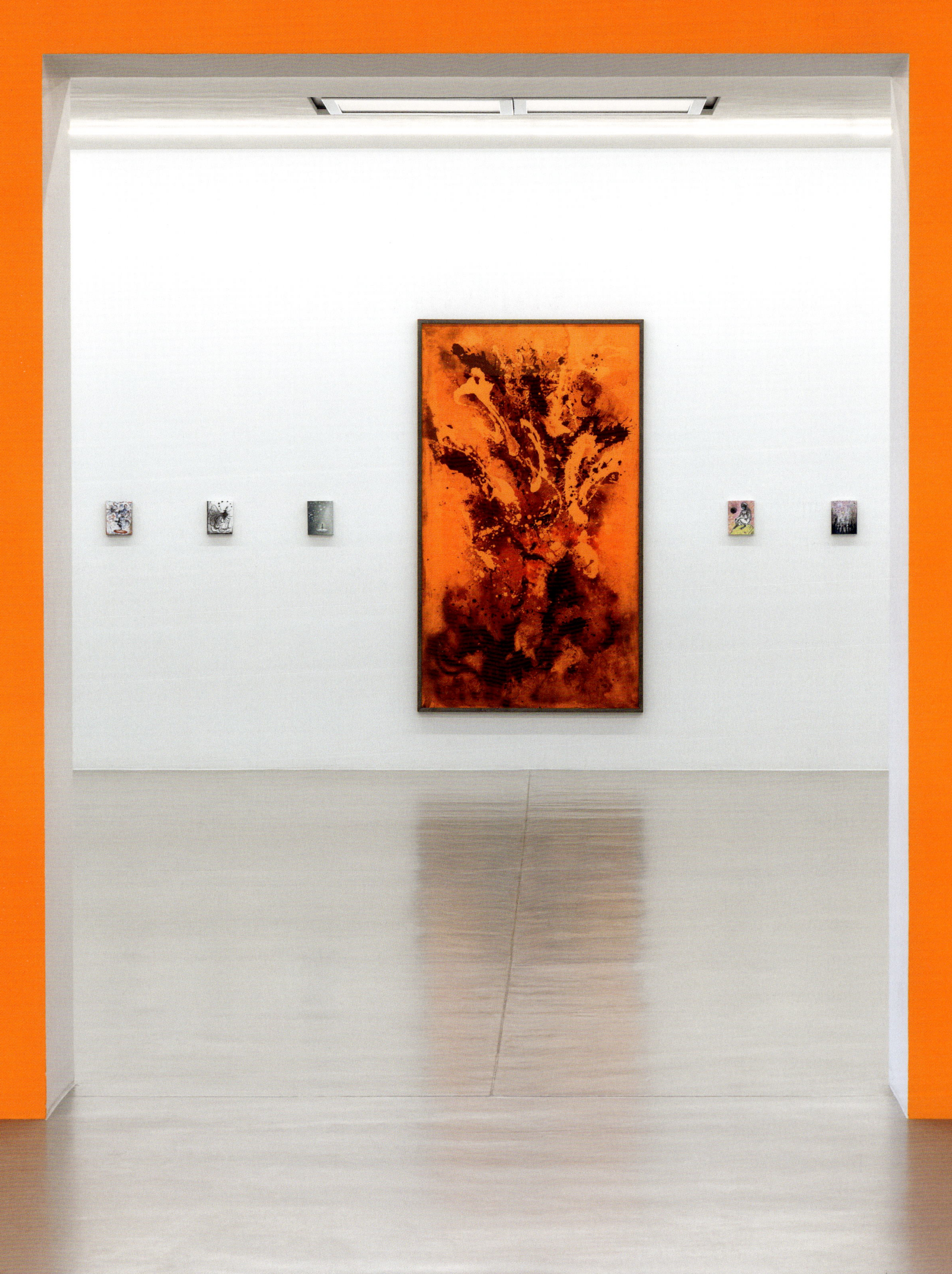

MAX DAX / MATTHIA LÖBKE

Vorwort

Dieses Buch ist anlässlich der Ausstellung *Ost/West und das Südliche Orakel* von Bettina Scholz im Kunstverein Heilbronn entstanden. Es ist zu gleichen Teilen Ausstellungskatalog, Künstlerbuch, Rück- und Ausblick, Kompass und Pendulum, denn es zeigt nicht nur einen Großteil der in Heilbronn gezeigten Bilder, sondern es diente Bettina Scholz in den Monaten seines Entstehens auch als Brennglas für die Fokussierung der eigenen Gedanken. Dem Buch liegt ein längerer Essay zugrunde, in welchem Bettina Scholz zum ersten Mal – lässt man die vielen Interviews und Gespräche, die sie im Laufe der Jahre gegeben hat, einmal außer Acht – tiefe Einblicke in den eigenen künstlerischen Prozess und die biografische Grundierung ihres bildnerischen Werks zulässt.

Die drei Kapitel des Buches widmen sich Werkreihen, die entweder zuvor noch nie veröffentlicht oder aber nie in dieser Tiefe abgebildet worden sind. Neben einer ganzen Reihe von neuen Kleinformaten ihrer London-Serie, in denen Bettina Scholz seit 2010 den Beweis antritt, dass komplexe Bildinhalte auch in kleinen Formaten dekliniert werden können, werden wir in ihren neuen Glasbildern Zeugen einer Öffnung vom Abstrakten hin zum Gegenständlichen. Grundlage dieser Ausdifferenzierung sind seit 2020 die Skizzenbücher von Bettina Scholz, die ursprünglich rein praktisch visuelle Notizen festhielten, sehr bald aber ein Eigenleben entwickelten, in denen die Künstlerin eben nicht bloß Gedanken und Ideen festhielt, sondern diese in ihnen sogleich weiterzuentwickeln begann. Jede Skizze ist somit potenziell ein neues Bild und jeder festgehaltene Gedanke birgt eine mögliche neue Wendung einer stetig wachsenden Erzählung, die von Bettina Scholz rhizomatisch mit jedem neuen Werk fortgeführt wird.

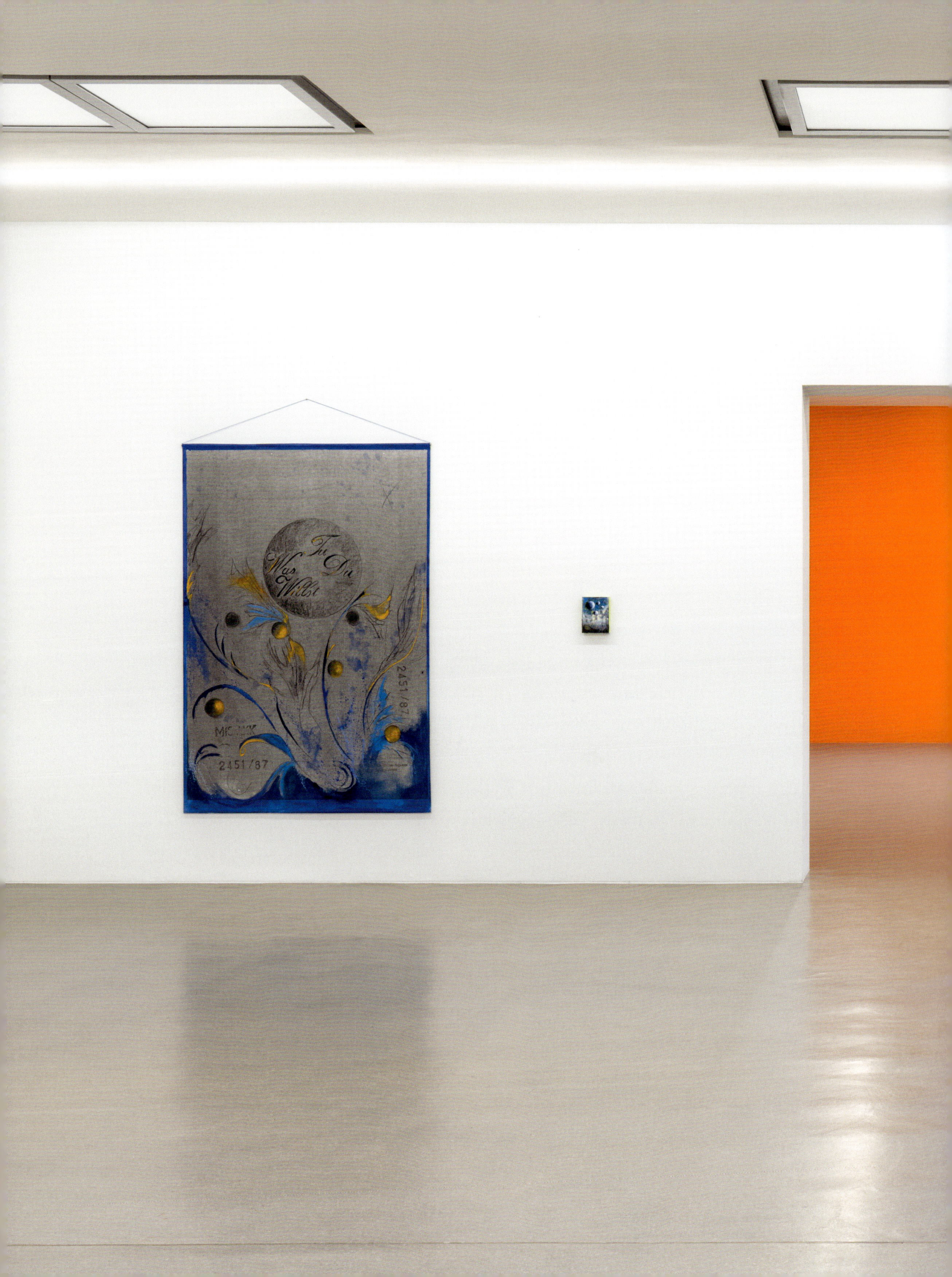
2451/87
2451/87

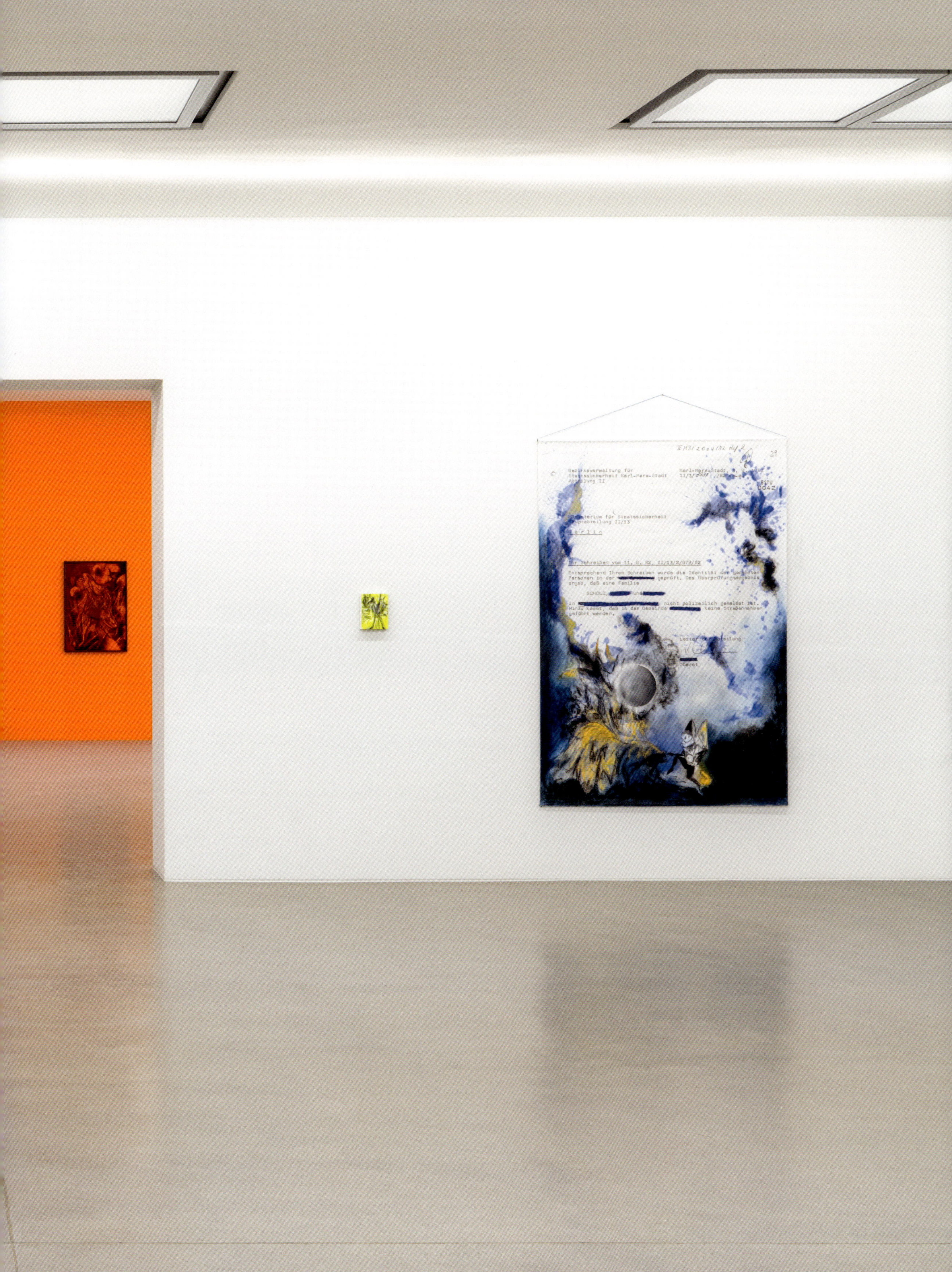
Bezirksverwaltung für
Karl-Marx-Stadt
BSTU
0042
Staatssicherheit
Berlin
Entsprechend Ihrem Schreiben wurde die Identität der
Personen in der
geprüft. Das Überprüfungsergebnis
ergab, daß eine Familie
SCHOLZ,
nicht polizeilich gemeldet
keine Straßennamen
geführt werden.
Oberst

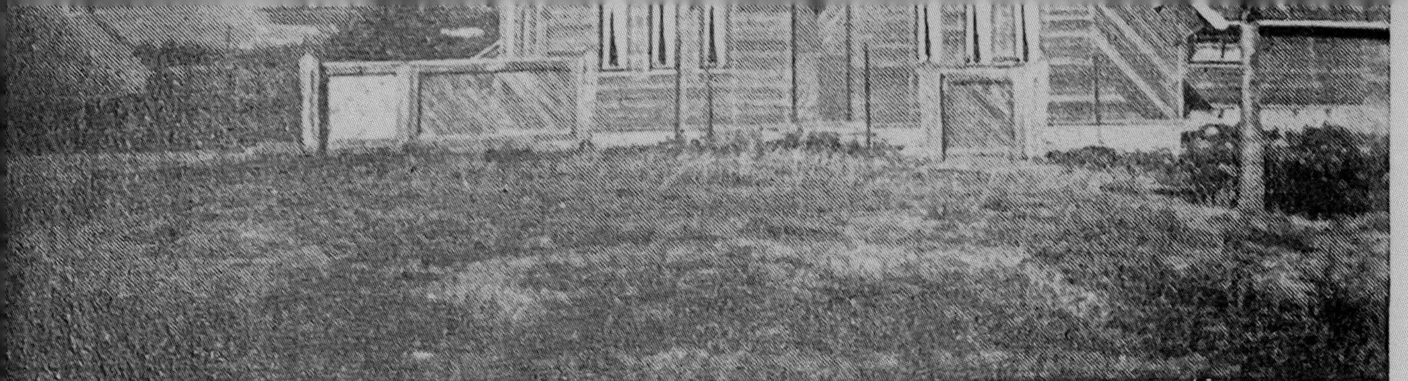

Haupteingang

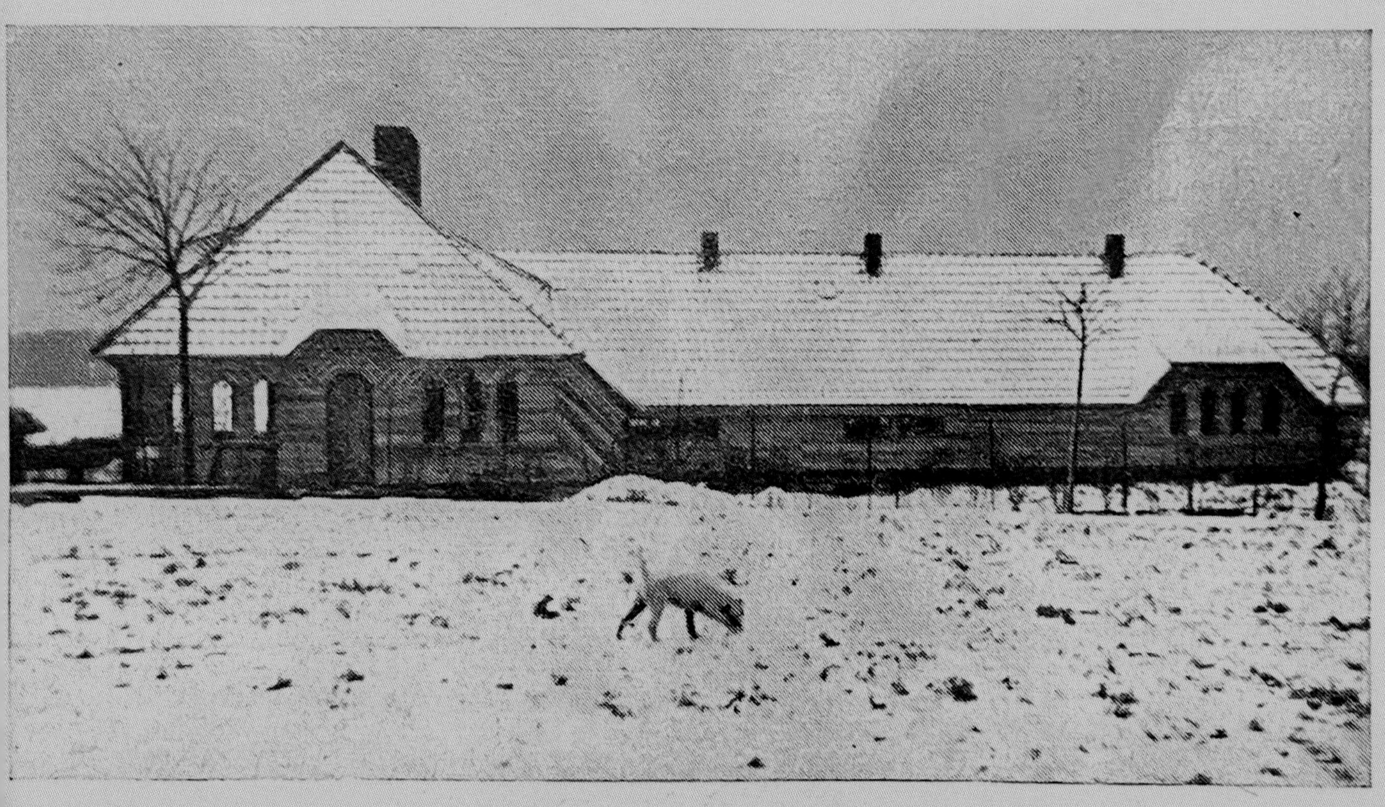

Ostseite

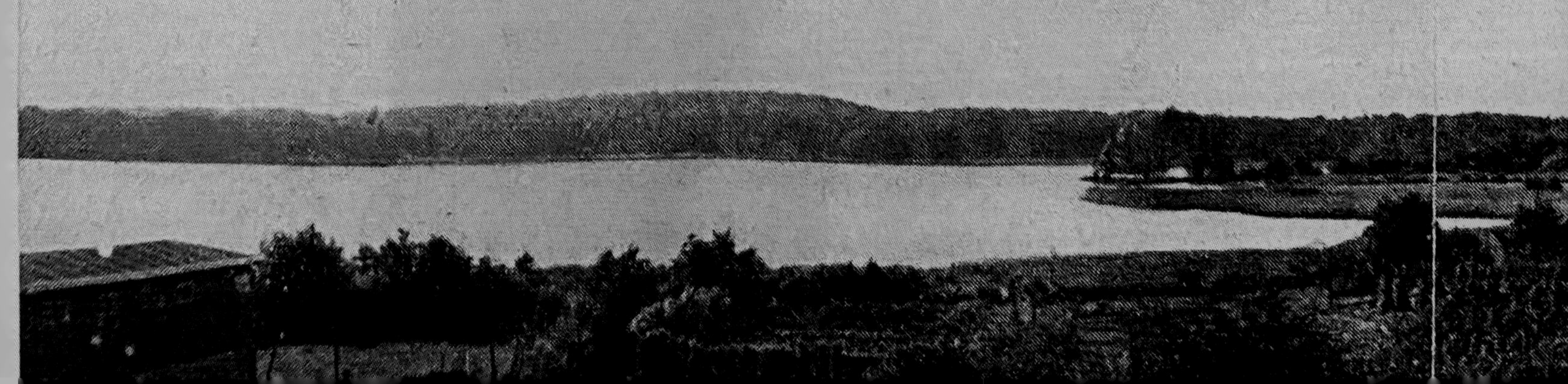

BETTINA SCHOLZ

Die Stasi-Akte des Herrn Scholz, die Aura von Frau O.

„Es wird interessant, wenn wir daran glauben,
dass die Erde eine Seele hat." Björk

Aufgewachsen bin ich zwischen Esoterikern, Kommunisten, Künstlerinnen und Spionen. Das schillernde Umfeld meiner Kindheit war ein reichhaltiger Nährboden für Gerüchte in der kleinen Stadt, in der wir lebten, aber auch für das Ausbilden meiner Fähigkeit, die Welt als vielstimmiges Phänomen zu betrachten. Menschen unterschiedlichster Herkünfte und Berufe trafen sich zum Urlaub in der ungewöhnlichen Pension, die meine Eltern führten und in der wir zugleich lebten. Sie lag an einem See in Brandenburg, in einem Ort, der durch seine idyllische Natur und eine Erzählung Kurt Tucholskys mindestens regionale Berühmtheit erlangt hatte und außerdem ein beliebter Urlaubsort in der DDR war. Das Haus und der dazugehörige weitläufige Garten waren von einer unverheirateten Dame und ihrer (inoffiziellen) Lebensgefährtin gebaut worden, was skandalös emanzipiert war für das noch junge 20. Jahrhundert. Die beiden hatten sich, wie viele Intellektuelle und

Kunstschaffende in den 1920er Jahren, einer ebenfalls noch jungen Bewegung angeschlossen, die unter anderem von freimaurerischen, buddhistischen, esoterischen, naturwissenschaftlichen und künstlerischen Strömungen der Zeit geprägt war, und die durch ihren lockenden Anspruch, eine alles durchdringende Welterforscherin, ein erkenntnisssuchendes Gesamtkunstwerk zu sein, eine ebenso diverse, wie streitbare Anhängerschaft anzog. Landwirtschaft, Pädagogik, Kunst und Medizin – alles brauchte einen neuen Griff, alles sollte, in der Zeit der künstlerischen Manifeste, neu gedacht werden. Das Frauenpaar wollte seinen Beitrag leisten und engagierte den Gründer der Gartenbau- und Siedlungsschule Worpswede, Max Karl Schwarz, auf ihrem Grundstück einen Ort der körperlichen und geistigen Erholung zu schaffen. Schwarz entwarf ein großzügiges Holzhaus mit weitläufiger Gartenanlage, in der ein Pavillon mit Schilfdach stand, und in der es für wilde Blumenwiesen ebenso Platz gab wie für langgezogene Gemüsebeete. Über Schwarz hörte ich später, dass er ein Pionier der biologisch-dynamischen Landwirtschaft und an der Gestaltung des Gartens des Goetheanums in der Schweiz beteiligt war.

In einer Datenbank für Denkmale in Brandenburg finde ich einen Eintrag, der die Bauweise und Nutzung des Gebäudes umschreibt, das später mein Zuhause werden sollte:

> (...) Entwürfe von Max K. Schwarz aus Worpswede, bearbeitet von Hans Berndt. Ausführung durch Paul Gundlach (a). Betrieben als Pension „Heim am See“ mit Heilbehandlungen und vegetarischer Kost. Langgestreckter eingeschossiger Blockbohlenbau auf massivem Sockelgeschoss. Der linke Bauteil zur Straße vorspringend. Dort Haupteingang und schmale „gotisierende“ Fenster. An der Gartenseite durchlaufender Balkon. Innen im Sockelgeschoss Küche (mit gemauerter Herdanlage) u.a. Wirtschaftsräume. Im linken Bauteil im Erd- und Dachgeschoss Büro und Wohnräume (mit Kamin). Nach rechts im Erdgeschoss Flur mit Gästezimmern. Im schlichten Hausgarten polygonaler Pavillon aus Holz mit Schilfdach. Mit ihrer höchst individuellen Bauweise und Gestaltung sowie durchdachten Nutzungskonzeption ist die ehemalige Pension ein bau- und kulturgeschichtlich bedeutendes Zeugnis einer auf gesunde Lebensweise gerichteten Reformbewegung in der 1. Hälfte des 20. Jh.

Meinen Eltern übernahmen das Haus in den 1970er Jahren, und wir lebten in einer fluiden Lebensgemeinschaft mit Sommer- und Wintergästen, mit wiederkehrenden und wechselnden Protagonistinnen und Protagonisten von alltäglichen oder absurden Geschichten. Es wurden, der Tradition der Gründerinnen folgend, Kräuterkuren nach Hildegard von Bingen angeboten, vegetarische Küche mit selbst angebautem Gemüse, Lesungen, Singen im Chor, Baden im See und Erholung im Schatten alter Obstbäume. Die christlichen Festtage und die wechselnden Jahreszeiten wurden aufwändig gestaltet und gefeiert, man bemühte sich um nachhaltige Ästhetik und um Internationalität. Wir waren je nach Blickwinkel entweder anachronistisch oder avantgardistisch oder beides im Wechsel (so wie ich es heute auch für mein Malereiverständnis sagen kann). Die Pension scheint mir wie eine in die DDR projizierte Miniaturausgabe der berühmt-berüchtigten Naturheilanstalt auf dem Monte Verità im schweizerischen Ascona, ein Treffpunkt der umstrittenen Reformbewegung zu Beginn des 20. Jahrhunderts wie auch Schmelztiegel künstlerischer Ideen der europäischen Moderne. Auf dem Monte Verità waren Hermann Hesse, Erich Mühsam, Käthe Kruse, Rudolf Steiner, Marianne von Werefkin und viele andere mehr zu Gast. Die Sehnsucht nach Erneuerung, nach einem neuen Weltentwurf schien in dieser, auch als nervös bezeichneten Zeit der Jahrhundertwende in der Luft zu liegen und trieb vielerorts lebenspraktische Blüten, so wie auch etwa ein Jahrzehnt später in unserem „Heim am See". Zutiefst verstört musste ich rückblickend lernen, dass es in den, von mir bis dahin zwar als durchgeknallt und schräg, aber dennoch bunt und weltoffen wahrgenommenen Lebensreformbewegungen (zu deren Töchtern ich auch die Anthroposophie zähle) Strömungen gab, die mit zu den menschenverachtenden Schrecken des Nationalsozialismus führten. „Im Allgemeinen aber waren das Streben nach Völkerverständigung und kleinen, freiheitlichen Gemeinschaften weitaus typischer als Chauvinismus und Protofaschismus", schreibt der Historiker Joachim Radkau über diese Zeit, und erneut lerne ich, Ambivalenzen und Vielstimmigkeiten auszuhalten. Einfache Antworten sind einfacher.

Unser Monte Verità in Brandenburg jedenfalls wollte, so gut es eben in der DDR ging, weltoffen sein und überlebte, wie durch ein Wunder zwei Diktaturen, den Nationalsozialismus und den DDR-Staat, trotz seiner obrigkeitsresistenten Bewohnerinnen und Bewohner und seiner Bekenntnisse zu Diversität in der Gestaltung von Liebes- und Lebensdingen. Anstelle eines Wunders war dieses Leben vermutlich jedoch vielmehr geprägt durch „... eine Balance zwischen Anpassung und Widerstand, zwischen Mut und Verrat (...) eine Grauzone der Möglichkeiten, in der man mal in die eine und mal in die andere Richtung laufen konnte, in der es keinen richtigen und keinen falschen Weg gab, sondern im besten Fall das Gefühl, einen erträglichen Kompromiss gefunden zu haben. Wer in dieser Grauzone lebte, musste immer neu reagieren, immer neu abwägen", wie Maxim Leo das Leben derjenigen beschreibt, die in diesem Land versuchten, sich unabhängige Freiräume zu schaffen.

Wie ich irritiert und amüsiert in der Stasi-Akte meines Vaters lesen konnte, rief vor allem die vegetarische Küche im „Heim am See“ Argwohn hervor, offenbar eine Unmöglichkeit in dieser Zeit, weshalb die Pension im Städtchen auch „Hungerheim“ genannt wurde. In einem Dokument der Akte wird, aufgrund der vegetarischen Kost, die kuriose Vermutung geäußert, dass insbesondere Gäste, die abnehmen wollten zur Zielgruppe des Hauses gehörten, so als wäre vegetarische Kost per se eine Art Diät oder Strafe. Ich stelle mir vor, wie die Stasi-Spitzel als Gäste getarnt an unserem Frühstückstisch sitzen, sich über den bitteren Brennnnesseltee beugen und zu verstehen versuchen, was in diesem Haus vor sich geht. Wenn sie gewusst hätten, dachte ich beim Lesen der Akte, dass die vegetarische Küche nicht das Seltsamste war, was dort passierte, denn noch seltsamer war zum Beispiel Frau B., die große Angst vor unbestimmten Strahlungen hatte und deshalb selten ihr Zimmer verließ (gut, dass die arme Person die Digitalisierung nicht mehr erleben musste), oder Herr K., der ausgewählte Gedichte von Rilke oder Morgenstern nur bei bestimmten planetarischen Stellungen im nächtlichen Garten rezitierte. Oder Frau O., die besonders feinfühlig für die Aura von Menschen war und daher verständlicherweise oft unter ihrer Präsenz sehr litt. Man munkelte, sie könne Ätherleiber sehen. Ich fand diese versponnenen Menschen als Kind interessant, ich lernte durch sie, dass jeder Mensch einzigartig ist und dass auch Erwachsene nicht aufhören zu spielen. Zugleich war es ein Leben in parallelen Realitäten, in dem ich morgens mit dem Pionierhemd zum Fahnenappell in der Schule antrat und nachmittags zu Hause mit Wachsmalkreiden Engel und Fantasiewesen malte. Die Welt wurde für mich zu einem Kaleidoskop, zu einer Bühne, auf der die sich vor mir abspielenden Ereignisse und Dialoge sich in ihrer fragilen Gleichzeitigkeit darstellten, und auf der es gefährlich werden konnte, wenn ein Erzählstrang den anderen berührt. Idylle und Gefahr lagen nah beieinander, was ich spürte, wenn meine Mutter plötzlich rasch und aufgeregt Bücher verschwinden ließ, wenn fremde Männer mit Hornbrillen auftauchten oder sie mir den Mund zuhielt, wenn ich eine (anscheinend) unpassende Frage stellte. Ich begann die Szenen in interessante oder weniger interessante zu unterteilen, in starke oder weniger starke Bilder, aber auch in solche, die ich geheim halten musste und in jene, von denen ich in der Schule berichten durfte, so als würde ich mit zwei Sprachen aufwachsen und nach und nach lernen, sie auseinanderzuhalten. Denn das undurchsichtige Treiben in der Pension am See war dem Staat suspekt, und er hatte ein besonderes Auge auf uns geworfen.

17. April 2024, 5.30 Uhr

Da ich nicht schlafen kann, stehe ich auf und durchstöbere ziellos mein Bücherregal. Die Autobiografie von Nile Rodgers fällt mir in die Hände. Es ist eines der lehrreichsten und spannendsten Bücher, die ich je gelesen habe, und sofort zieht es mich wieder in seinen Bann. Meine Mutter behauptete oft, Bücher würden ihr immer im richtigen Moment zufallen. Ich habe dieses Geschick glücklicherweise geerbt, falls man so etwas erben kann. Die Widmung sagt: "This book is dedicated to my biological, spiritual and musical family. Without you there'd be no me. I love you very much." Das erste Kapitel beginnt mit dem Satz: "It took me a long time to realize that the things my parents did were not exactly normal." Allein durch diesen Satz schon fühle ich mich der Geschichte nah. Das Buch zähle ich zu meinen künstlerischen Wahlverwandtschaften, die ich frei wähle oder die mir zufallen. Sie kommen aus allen Zeiten, Ländern und Gesellschaften. Sie sind das Kollektiv, das mich ständig begleitet. Nile Rodgers' Geschichte ist aberwitzig rasant, immer balancierend auf dem schmalen Grat zwischen Leben/Gestalten und Sterben/Zerstören. Kunst liebt das Risiko, und Risiko bedeutet Gefahr.

In meinem Elternhaus gehörten die Bücher, die vorgelesen, und die Lieder, die gesungen wurden, zum Tagesablauf. Sie schienen in jeweils unterschiedlichen Zusammenhängen, entweder gefährlich oder harmlos zu sein. Ich lernte so, dass Fantasie und Vorstellungskraft große Sprengkraft besitzen können. In diesem Kontrast der Gesinnungen, in der Gratwanderung zwischen autoritärem Staat und individualistischem Lebensentwurf, bildeten sich die ersten künstlerischen Koordinaten, die meine Wahrnehmung formten. Die unzähligen Zwischentöne meiner Kindheit, in der es überlebenswichtig war, Unausgesprochenes genauso wahrzunehmen und zu deuten, wie Ausgesprochenes, führten folgerichtig zu einer Leidenschaft für Malerei, die eine andere Sprache sucht und sich gern im Rätselhaften bewegt.

Dennoch bleibt immer die Frage, woher die Bilder kommen und wie Malerei, wie Kunst entsteht. Vielleicht ist sie nicht entscheidend, aber sie ist interessant. Ich sehe, wie stark meine prägendsten künstlerischen Einflüsse aus dem Strom meiner Familiengeschichte kommen und zugleich von den Verhältnissen der Zeit geformt sind: von den kulturellen und politischen Spannungen zwischen Ost und West, die ich als Kind intuitiv über das Verhalten meiner Eltern mitfühlen konnte, von Rosa Luxemburg in der Schule und Rudolf Steiner zu Hause, von Jugendstil inspirierten, russischen Märchenbuchillustrationen, von spirituellen Bildern der geisterverliebten Jahrhundertwende, aber auch von Raffaels Sixtinischer Madonna, von DEFA-Westernfilmen und E.T., dem Außerirdischen aus Hollywood.

Der Außerirdische und die schwebende Madonna

Kurz nach dem Mauerfall landete, neben Duplo, Mars und Milky Way, ein weiterer, verführerischer Kulturimport in Brandenburg: *E.T. – Der Außerirdische* wurde in dem winzigen Kino des Ortes gezeigt. *E.T.* war mein erster Kinofilm und zugleich das Signal einer neuen, grundsätzlich gewandelten Zeit.

Meine Mutter hatte ein ambivalentes Verhältnis zu Technik, insbesondere zu unserem Fernseher, den sie in regelmäßigen Abständen aus dem Haus warf, nur um dann kurze Zeit später wieder einen neuen zu besorgen, so wie ich heute in einem ewigen Ringen zwischen Anziehung und Abstoßung die Instagram App deinstalliere, nur um sie anschließend wieder zu installieren, dauerhaft unentschlossen, wie mit diesem Medium umzugehen sei. Als ich *E.T.* im Kino sah, lebten wir schon länger wieder ohne filmischen Einfluss, ohne den fesselnden Reiz bewegter Bilder. Ich war elf und der Film beeindruckte mich so sehr, dass ich bis heute glaube, dass er einen wesentlichen Beitrag für den Beginn meiner Liebe zum Kino und zum Science-Fiction-Genre geleistet hat. Die Inszenierung und Erzählweise lehnen sich an die von Märchen an. Der Film hat eine präzise Lichtführung, die in vielen Szenen mit rundem Spotlight arbeitet, sodass bestimmte Bildelemente besonders hervorgehoben werden und andere stimmungsvoll im Dunkeln bleiben, ähnlich wie in mancher Nachtszene von Edward Hopper. Er lässt durch das Licht und durch die nur sparsam eingesetzte Sprache Leerstellen und viel Raum für das Wirken der Bilder, für Ahnungen und für das Spekulieren darüber, was wohl kommen mag. Es wird dem Publikum viel Zeit gegeben, all die großen Gefühle auszukosten, die der zehnjährige Protagonist bei der abenteuerlichen Freundschaft zu dem schrumpeligen Außerirdischen durchlebt.

Als ich nach diesem spektakulären ersten Kinoabend im Bett lag, schaute ich auf das Gemälde, das als Kunstdruck in einem geschnitzten Holzrahmen über meinem Bett hing: die Sixtinische Madonna von Raffael. Und während ich einschlief, überlappten sich Bilder und Stimmungen des Films mit denen des Gemäldes. Sowohl Szenen aus *E.T.* als auch die Figuren und Farben aus Raffaels Madonna schwebten verheißungsvoll aus dem Unbekannten in meine Traumwelt. Beide Bildwelten waren klar in ihrer Sprache und zugleich rätselhaft, beide hatten den unendlichen Kosmos als Heimat hinter sich und die Welt der Kinder als ihr Zentrum. Sie gingen in diesem Moment eine künstlerische Freundschaft ein, die ungewöhnlich war und mir viel darüber beibrachte, was Kunst alles sein kann.

Später als Erwachsene, erinnerte ich mich zum ersten Mal wieder an diese Szene, als ich mit großer Begeisterung die Essaysammlung *Against Interpretation* (in der deutschen Übersetzung, wie ich finde, unpassend: *Kunst und Antikunst*) von Susan Sontag las, in der sie hierarchielos, mit derselben Scharfsinnigkeit und Intensität, auf völlig unterschiedliche Kulturphänomene schaut: Thomas Mann, Science-Fiction oder Underground-Film: alles ist mögliches Material für das künstlerische Denken und Handeln, alles ist es wert, untersucht zu werden, denn es stellt sich in ein Verhältnis zur Welt.

Das Geschirr in der Scheune

Meine Mutter war voller Widersprüche. Dazu gehört, dass sie sowohl Esoterikerin als auch Intellektuelle war. Ihr ganzes Wesen war gespannt und hin- und hergeworfen zwischen den Polen rational/beweisbar und irrational/spekulativ – zwei Pole, die für mich auch wesentlich für die Malerei sind. Wenn ich ein Bild male, in dem Licht und Schatten naturalistisch dargestellt werden, spielen physikalische Gesetze eine Rolle. Wenn ich einen Menschen male, spielt seine Anatomie eine Rolle. Wenn ich gestisch-abstrakt male, ist es wichtig zu wissen, wie die Farbe sich verhält, wie sie läuft und sich mischen lässt. Zugleich kenne ich kein gutes Bild, das diese rationalen Parameter nicht auch verlässt, das kein Geheimnis hätte und das Abweichungen nicht besonders liebt. Das Rätselhafte, das Vage ist ein Lieblingsort der Malerei.

Wie in der DDR üblich, heiratete meine Mutter früh und bekam bereits mit Anfang zwanzig in kurzer Folge die ersten zwei ihrer insgesamt vier Kinder. Dieser Umstand stritt sich mit ihren intellektuellen und künstlerischen Interessen, die hauptsächlich im Lesen und Schreiben lagen. Eine Familienlegende erzählt, dass sie damals oft das schmutzige Geschirr, das sich im Laufe des Tages angesammelt hatte, abends in der Scheune versteckte, fein säuberlich abgedeckt unter einem blütenweißen Laken. Ein Trick! So schaffte sie sich, in einer Zeit, in der alle hauswirtschaftlichen Aufgaben noch den Frauen zufielen und in der Spülmaschinen unbezahlbar waren, Raum für wesentlich dringendere Aufgaben, wie das Lesen von Thomas Manns *Zauberberg* oder das Schreiben ihrer epischen, handschriftlich verfassten Briefe an Familienmitglieder oder ihren Freundinnenkreis. Das sprichwörtliche „aus den Augen aus dem Sinn" bekam so eine zielführend-pragmatische Dimension in Richtung Kunst, auch wenn die Situation an sich damit selbstverständlich nicht gelöst war. Bewundert habe ich immer die Freiheit, mit der sie sich über alltägliche Zwänge hinweggesetzte, um sich ihren eigentlichen Interessen zu widmen. Sie schaffte sich Raum und Zeit, koste es was es wolle. Neben den Polen rational/irrational als wesentliche Koordinaten, die sich nicht ausschließen, sondern ergänzen, fand ich darin ein weiteres Grundgesetz für alles künstlerische Schaffen. Der Soziologe David Gauntlett beschreibt dieses so einfache wie wichtige Grundgesetz so:

> Kreativität ist eine Sache, die man tut, und wenn man sie nicht tut, ist sie eigentlich nichts. Das Tun ist wesentlich und unausweichlich. (...) Um etwas zu tun, muss man sich zunächst einmal Zeit dafür nehmen. Das ist sehr offensichtlich, aber auch von entscheidender Bedeutung. Ich nehme an, dass Sie schon einmal gehört haben, wie jemand sagte: ‚Ich würde gerne (eine interessante Tätigkeit) tun, aber ich finde nie die Zeit dazu.' Das liegt daran, dass Zeit nicht passiv gefunden wird. Wir sind beschäftigt. Wir haben verschiedene Arten von Arbeit zu erledigen (...). Für die meisten von uns tauchen die Stunden ‚freier' Zeit nicht einfach zufällig auf. Zeit muss aktiv zugewiesen werden. [1]

Für das Kunstmachen müssen wir uns unentwegt Platz schaffen. Alle Künstlerinnen und Künstler, die ich kenne, sind ständig damit beschäftigt. Kunst entsteht in Lücken, die wir uns mit sehr hohem Kraftaufwand schaffen. Je größer die Kraftanstrengung, desto größer die Lücke. Der Alltag zupft und zieht ununterbrochen an uns herum, wie ein Quälgeist, dem es eine Freude ist, uns zu unterbrechen – mit schmutzigem Geschirr, mit Zahnschmerzen, der Steuererklärung, der zu hohen Stromrechnung, dem Klingeln an der Haustür, dem Einkauf, dem kaputten Laptop, dem überzogenen Konto oder dem Suchen

1 Englischer Originaltext auf S. 148

nach der falsch abgelegten Datei. Und das sind noch die guten Zeiten, die im Angesicht von Kriegen, Hungersnöten und Naturkatastrophen freundlich aussehen, also im Prinzip ideal dafür wären, Kunst zu schaffen. Die Lücken müssen so groß sein, dass sie zu Raum werden, damit sie Universen werden können. Denn künstlerisches Arbeiten ist ein pausenloses Hantieren mit unendlich vielen Möglichkeiten, mit Überblendungen von Bildern aus der Vergangenheit, mit Vorstellungen von der Zukunft und mit Ideen der Gegenwart. Es gibt viel zu tun.

Ich gehe davon aus, dass diese Fülle und mein pochendes Interesse an der Welt in meine Arbeit einfließen. Es sind Malereien, Zeichnungen und Objekte entstanden, die erzählerisch oder abstrahierend oder beides sind, die düster oder heiter, sehr klein, sehr groß, sehr expressiv oder sehr leise sind. Ich suche eine bestimmte Art der Präzision, die nicht zwangsläufig an eine formale Präzision oder an einen Stil gebunden ist. Es gibt Themen und Motive, die alles wellenartig durchziehen: Science-Fiction-Szenarien schöner, utopischer, aber auch zerstörter Landschaften, sakrale Motive, die durch ihr Drama und ihre Leuchtkraft die Sehnsucht nach dem Übersinnlichen und Nicht-Alltäglichen markieren und Brücken zur Literatur und zur Musik, die raumfüllende Resonanz und starke Farben erzeugen können, oder zu feingliedrigen Zeichnungen des Golden Age of Illustration zu Beginn des 20. Jahrhunderts.

Mit der Zeit dieser Jahrhundertwende in Europa und den Jahren, die danach kamen, beschäftige ich mich viel. Sie faszinieren mich, weil ihre kulturellen, gesellschaftlichen Ereignisse so eng mit meiner Familiengeschichte verbunden sind, aber auch, weil sie mir wie eine Explosion der Vorstellungskraft erscheinen, die sowohl entsetzlichen Schrecken in Politik und Gesellschaft als auch unglaubliche Gestaltungskraft in den Künsten hervorgebracht haben – so als würden sie die Möglichkeiten der menschlichen Imagination in ihrer ganzen Bandbreite sichtbar machen wollen.

Das Geschirr in der Scheune steht für mich sinnbildlich dafür, die eigene Kraft so zu verteilen, dass es Raum und Aufmerksamkeit für das Wesentliche gibt, auch wenn das Wesentliche manchmal nicht nach dem Wesentlichen, sondern nach dem Unwichtigen aussieht. In der Kunst geht es darum, „rüber springen (zu) können in eine andere Logik“, wie Michael Ende es formuliert hat: „Das allerdings wird verlangt, dass man rüber springt. Das ist ja von jeher das Problem gewesen, dass der, der eindringen will in eine ganz bestimmte Art des Vorstellens und des Denkens, erst immer zurücklassen muss, was er an anderen Vorstellungen bisher gewohnt war zu denken."

An einem Tag, an dem ich schon morgens anfangen will zu malen oder zu schreiben, lese ich nicht als erstes meine E-Mails.

Verwandlung

Thomas Manns *Zauberberg* habe ich im Abstand von dreißig Jahren zweimal gelesen, einmal mit 14, weil meine Mutter das Buch liebte, einmal mit 44, weil ich bei Susan Sontag wieder darauf stieß (sie war ebenfalls ein großer Fan). Ich las zwei Male ein gänzlich anderes Buch. Mit 14 versank ich in die meditative Weltfluchtstimmung und sehnte mich danach, ebenso wie der Protagonist, die meiste Zeit auf einer Liege in der Sonne zu liegen und (vermeintlich) großen und (vermutlich selbstbezogenen) Gedanken nachzuhängen. Mit 44 las ich viel mehr die unterschwellige Satire, die das Buch durchzieht. Ich war erstaunt, wie humorvoll es ist und musste oft lachen. Kunstwerke sind nie statisch, sie haben nie nur eine Wahrheit, und zugleich sind sie ein „Maß, das gleich bleibt, während wir uns verändern", wie Kolja Reichert schreibt. Sie geben einen Resonanzraum für das eigene Erleben und justieren uns immer wieder neu in unserem Verhältnis zur Welt.

Kann es dann einen Künstler oder eine Künstlerin geben, deren Werk man gleichbleibend sein Leben lang liebt? Ich merke keinen Abbruch meiner Begeisterung, wenn ich die Märchenbuch-Illustrationen von Iwan Bilibin betrachte, die mich seit meiner Kindheit begleiten. Ich kann sie immer und immer wieder anschauen. Bestimmte Bücher von Michael Ende, Selma Lagerlöf oder die in der DDR sehr populäre Buchreihe *Der Zauberer der Smaragdenstadt* (eine fantastisch illustrierte russische Nachdichtung des *Wizard of Oz*) lesen sich als Kind anders, aber von ihrem künstlerischen Gehalt werde ich auch als Erwachsene noch mitgezogen, von ihrem Erfindungsreichtum, dem verspielten, jedoch nie oberflächlichen Zugriff auf die Welt.

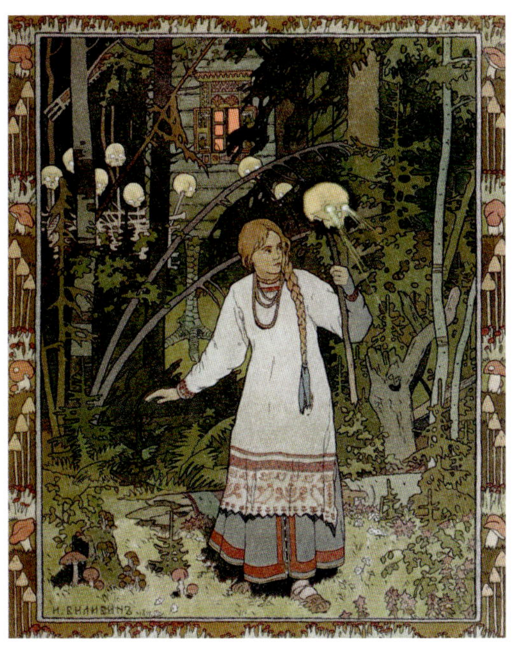

Total Recall. Das vergessene Bild im Kaminzimmer

Seit einiger Zeit denke ich an ein Bild, das in unserer Pension hing und meine Kindheit, ebenso wie Raffaels Madonna, täglich visuell begleitete. Das Gemälde der russischen Malerin Margarita Woloschin war das einzige Original, das wir zu Hause hatten. An das Gemälde erinnerte ich mich nur schemenhaft, bis ich kürzlich den Film *Total Recall* von Paul Verhoeven aus dem Jahr 1990 wieder sah. Meine assoziative Verknüpfung einer esoterischen Malerin aus dem Umfeld Rudolf Steiners mit einem 1990er Jahre Science-Fiction-Film mit Arnold Schwarzenegger und Sharon Stone in den Hauptrollen, ist irritierend und skurril und gehört für mich zu den vielen spannenden Momenten, die man in der Beschäftigung mit Kunst haben kann. Kunst macht überraschendes, bewegliches Denken möglich. Ich erinnerte das Gemälde lange als motivlos, vielmehr als schwebendes Farbrauschen, mehr musikalisch als malerisch. Als Kind muss ich ihm täglich begegnet sein, da es in dem Kaminzimmer hing, in dem wir gemeinsam mit unseren Gästen alle Mahlzeiten einnahmen. Das bis zu *Total Recall* vergessene Bild und mein in langen Jahren angesammeltes kunsthistorisches Wissen rasteten plötzlich ineinander ein und schafften rasend schnell Verbindungen zu persönlichen, biografischen und gesellschaftlichen Ereignissen, die mit dieser Malerin und mit ihrer Art zu malen zusammenhingen. Es war wie ein gelungener Prompt, auf den eine KI problemlos reagiert und seitenweise Verknüpfungen ausspuckt. Unverkennbar sind Margarita Woloschins Bilder in der christlichen, spirituellen Malerei zu verorten, die im Umfeld von Theosophie und Anthroposophie zu Beginn des 20. Jahrhundert entstanden ist. Diese Malerei ist schwebend, lasierend und beseelt. Durchscheinend bis zur Ungreifbarkeit. In ihren schwachen Momenten wirkt sie auf mich in ihrer übersinnlichen Verzückung aufdringlich und missionarisch, in ihren starken Momenten jedoch ist es eine Malerei, die beweglich bleibt, leuchtend, mit einer unstillbaren Sehnsucht nach Farben und einem tiefen Vertrauen in die Wirkkraft gemalter Bilder. Margarita Woloschin war, wie Käthe Kollwitz, Wassily Kandinsky oder Paul Klee, Teil der künstlerischen und intellektuellen Avantgarde ihrer Zeit. Sie traf viele markante Persönlichkeiten, unter ihnen Lew Tolstoi, Maxim Gorki, Odilon Redon, Anna Golubkina und Sergei Bulgakow. Gut möglich, dass sie auch Iwan Bilibin kannte, der das schöne Mädchen mit der Totenkopflampe gezeichnet hat (heute schon fast eine Ikone, die immer wieder auf Instagram viral geht). Wie Kandinsky und Kollwitz besuchte sie Rudolf Steiners Vorträge und gehörte schließlich zu seinem engsten Umfeld. Sie versuchte ihr Leben, Denken und künstlerisches Schaffen in die Idee seines Weltentwurfs einzureihen, oder besser noch: diesen Entwurf künstlerisch mitzugestalten. Mir scheinen ihre Bilder oft zu sehr einer übergeordneten Idee (und damit einer didaktischen Motivation) und einem christlichen Impuls zu folgen, sodass ich in der Begegnung mit ihnen den eigenen Zugriff der Malerin auf die Welt oft vermisse. Zugleich glaube ich, dass ich über die Intensität der Farben, die ihr Bild im Heim am See ausstrahlte, intuitiv etwas Wesentliches über Malerei gelernt habe.

Der Gedanke führt mich zu dem, was Jennifer Higgie in ihrem 2023 veröffentlichten Buch *The Other Side: A Journey into Women, Art and the Spirit World* untersucht. Etliche europäische und internationale Künstlerinnen der damaligen Zeit haben im Umfeld der esoterischen Bewegungen besonders produktiv und vielfältig gearbeitet und damit den Übergang vom 19. zum 20. Jahrhunderts kulturell maßgeblich geprägt. Sie haben die Kunst erneuert und bereichert nicht obwohl, sondern weil sie mit heute oft absurd wirkenden Praktiken wie Séancen, Tischrücken, Geisterfotografie oder theosophischen Ideen experimentierten, um mit einer übersinnlichen Welt in Kontakt zu treten. Jennifer Higgie macht diese Künstlerinnen im großen, schillernden Strom der Kunstgeschichte sichtbar und beschreibt ihr Forschen im Übersinnlichen und Geheimnisvollen als ihren wesentlichen Impuls, dem eine künstlerische Notwendigkeit innewohnt. Das Irrationale und das Phantastische bekommen eine bedeutende Stimme im weltumspannenden Gespräch der Kunst:

> Vertrauen in die Kunst bedeutet Vertrauen in das Geheimnisvolle. Die Behauptung, dass kein ernsthafter Künstler versuchen würde, mit oder über die Toten oder andere Reiche zu kommunizieren, zerfällt schon bei oberflächlicher Betrachtung. Überall auf der Welt hat die Geisterwelt die Kultur über Jahrtausende hinweg geprägt. Im Westen war die Bibel die Quelle des größten Teils der vormodernen Kunst – und sie ist voll von Magie, Übernatürlichem und nichtmenschlichen Wesen. Was wäre die Renaissance ohne ihre Heiligen, Engel und Teufel, ohne ihre Visionen von Menschen, die von Mächten manipuliert werden, die sie nicht verstehen können? Oder die griechische Antike ohne ihre Götter und Göttinnen, die auf ein Fingerschnippen hin ihre Gestalt veränderten? Oder die vielen Reichtümer der Kunst der First Nations? Die Kunst selbst ist eine Form der Alchemie – die Umwandlung einer Sache (einer Idee, eines Materials) in eine andere. Es liegt in ihrer Natur, eher anspielungsreich als wörtlich zu sein, mit Assoziationen, Symbolen und Verschlüsselungen zu arbeiten, Intuition und Vorstellungskraft über die Vernunft zu stellen – all das stimmt mit vielen magischen Praktiken überein. Sie kümmert sich so wenig um Genauigkeit wie ein Prophet. [2]

15. März 2024, 19 Uhr

In Düsseldorf eröffnet die von Julia Voss und Daniel Birnbaum kuratierte Ausstellung *Hilma af Klint und Wassily Kandinsky. Träume von der Zukunft* im K20. Das habe ich noch nie erlebt: Alle Eröffnungsreden sind gut und mitreißend, beinahe euphorisch, auch die von Ministerin Brandes ist keine Pflichtrede, sondern leichtfüßig und gutgelaunt. Die Ausstellung ist ebenso mitreißend. „Neben af Klint sieht Kandinsky wieder jung aus", sagt so oder so ähnlich Kolja Reichert, der elegant mit einem Getränk am Tresen lehnt, und er hat recht. Eine prächtige Zusammenstellung von Malerei, die aus dem Inneren angetrieben ist und nach dem Höheren strebt.

Ich zucke zusammen: Aus einer Ausstellungsvitrine blitzt mir eine Ausgabe der theosophischen Zeitschrift Lucifer Gnosis (verlegt von 1904–1908) entgegen. Das Okkulte, das für viele damals so anziehend war, hat heute einen schlechten Ruf. Es erschreckt uns, weil es unkontrollierbar, gefährlich und rätselhaft erscheint. Wahrscheinlich ist es gerade deshalb besonders interessant als künstlerisches Material. Kenneth Angers Kurzfilm *Lucifer Rising* von 1972 kommt mir in den Sinn. Ich denke, ebenso wie bei Steiner ist bei Kenneth Anger nicht ein satanischer Luzifer gemeint, sondern wie der Name ankündigt, eine lichttragende Gestalt, ambivalent, verführerisch, eigenständig und rebellisch. Ein schillerndes Wesen. Ein Spieler an der Grenze von Licht und Finsternis.

2 Englischer Originaltext auf S. 150

In der Nacht darauf träume ich von Hilma af Klints Schwänen und einem tiefgrünen Glasfenster, durch das ein scharfer Lichtstrahl fällt und eine rote Kachel auf dem Boden beleuchtet. Als ich aufwache, weiß ich genau, wie ich weiterarbeiten muss. Es gibt doch immer wieder eine Form der Präzision und Genauigkeit in der Kunst, ob das bei Propheten so ist, weiß ich nicht. Momente, manchmal Stunden in der künstlerischen Arbeit, in denen sich alles wie von allein zusammenfügt und Sinn ergibt, wo sich selbst erschaffende und bedingende Gesetze und Räume entstehen. Ich fülle mein Skizzenbuch innerhalb von wenigen Stunden mit über fünfzig schnellen Zeichnungen und beende einen Text, der lange davor brach lag. Jetzt liegt alles klar vor mir.

Der Film *Total Recall* erzählt die heute im 21. Jahrhundert nicht mehr allzu abstrakt erscheinende Geschichte einer Menschheit, die teilweise auf den Mars ausgewandert ist. Das gesamte Setting des Films ist geprägt von Screens, von Bildschirmen, die als dauerhaft verfügbare Fenster in eine andere Welt, als Übergänge in parallele Realitäten, die Menschen umgeben. Technologie ist allgegenwärtig, die Körper verschmelzen mit ihr. Die Szenen, die auf dem Mars spielen, zeigen futuristische Räume, die von einem rötlichen Abglanz des Mars eingefärbt sind, als wäre es das farbige Licht, das durch die Glasfenster einer Kirche fällt, die von Sol Le Witt gestaltet wurde. In einigen Szenen sieht es aus als würde eines meiner tiefroten Glasbilder im Hintergrund hängen.

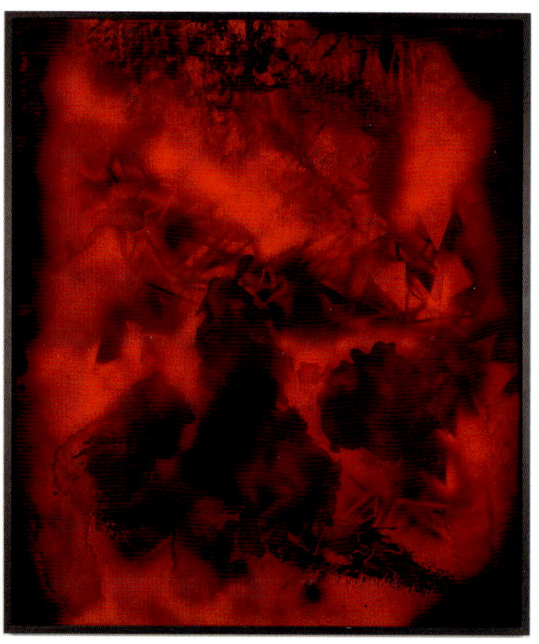

13. April 2024, 16.14 Uhr

Ein Freund schickt mir eine Nachricht, dass seine österreichische Firma an dem Bau eines neuen Mondautos beteiligt sei – und „vom Mond geht's zum Mars (...). Mehr als fünfzig Jahre nach der letzten bemannten Mondmission sind unterschiedliche Missionen in Planung. Die US-Raumfahrtagentur NASA plant, eine Zwischenstation für künftige Marsflüge zu schaffen, samt Raumstation und einer eigenen Basis auf dem Mond."

Die Kunst liebt das Unerklärliche, Abwegige und das Seltsame ganz besonders. Auch die (Natur-) Wissenschaften fühlen sich von diesen Bereichen angezogen, denn beide suchen mit ihren jeweils eigenen Mitteln nach Wahrheit. Die Science-Fiction ist der Ort, an dem sie sich treffen, um visionäre, utopische oder abgründige Szenarien an der Schnittstelle von Fakten und Fiktionen zu verhandeln. Ich habe eine besondere Faszination für dieses Genre, da es in seinen besten Werken hellsichtig ist, also die Fähigkeit hat, Entwicklungen vorauszusehen. Ähnlich wie in der Fantasy entwerfen Science-Fiction-Geschichten unbekannte Welten, in denen das Rationale und das Irrationale, das physikalisch Mögliche und das heute (noch) Unmögliche nicht gegeneinander ausgespielt werden müssen, sondern gleichwertig erzählt werden können und damit die Vorstellungskraft erweitern.

Ich erinnere mich an ein Interview mit Edward Witten, der, glaubt man einem ZEIT Podcast, einer der bekanntesten Astrophysiker unserer Gegenwart ist. In dem Gespräch eröffnet er die Möglichkeit, dass es nicht nur ein einziges Universum, sondern Multiversen gibt. Wiedergeburt und Zeitreisen werden in Multiversen schlagartig vorstellbar. Glauben, Kunst und Wissenschaft gehen in diesem Moment, freundschaftlich und eng umschlungen gemeinsame Wege.

18. April 2024, 7.38 Uhr

Heute wäre der 60. Geburtstag meiner ältesten Schwester gewesen. Als sie starb, war ich 23 und sie 38. Sie liebte Gedichte von Rilke und war der warmherzigste Mensch, den ich kannte. Immer wenn ich krank war, wollte ich bei ihr sein. Niemand sonst strahlte so viel

Schutz und Zuversicht aus. Die Vorstellung eines anderen Universums, in dem sie noch oder wieder lebt, tröstet mich, ich wünsche es mir sogar. Durch unseren großen Altersunterschied war sie für mich wie ein anderer Stern, weit entfernt, aber mit der Gewissheit, dass durch seine (ihre) Anwesenheit alles gut wird. Als Kind nahm sie mich manchmal mit zur Arbeit, ich vermute, wenn sonst niemand Zeit hatte, sich um mich zu kümmern. Sie arbeitete als Krankenschwester in einem Haus, das Ernst-Thälmann-Heim hieß und ein riesiger Betonbau war, der wie eine sozialistische Vision einer neuen Welt selbstbewusst an einem glasklaren See mitten im Wald stand.

Das Gebäude wurde im Jahr 2002 gesprengt.

Ernst Thälmann war das erste Wort, das ich in der Schule schreiben lernte. Die freundliche Lehrerin wies uns an, es auf den schwarzen Linien des dünnen Schulhefts so oft zu wiederholen, bis die Seite voll war und wir uns den Namen endgültig gemerkt hatten. Danach durften wir im angrenzenden Wald spielen. Es roch angenehm nach Wasser und Kiefern. Später, in Westdeutschland an meiner neuen Schule, wussten die Kinder nicht, wer Ernst Thälmann war.

Zwei Namen für ehemals gleiches Land
die Grenze geht mitten durchs Ich
verschiedene Farben, nur farbenverwandt
im Muster verwirren sie sich [3]

Vergessen musst du das, was früher du gelernt oder: Das Forschen an der Gegenwart

Wann Malerei am spannendsten ist: wenn sie Übersetzung, Überraschung und Improvisation ist. Wenn ich eine Vorstellung in ein Bild fassen will, passiert in der Übersetzung von Vorstellung zu Bild etwas Drittes. Vorstellung und Bild, Ich und Welt, treffen aufeinander und zwischen beiden entsteht etwas Neues, das meist dann am gelungensten ist, wenn es überraschend ist. Wenn ich nicht bestimmen kann, wo genau es herkommt. Das bedeutet, dass sich im Prozess des Malens in sehr rascher Abfolge gelungene Momente, Fehler und Unfälle

3 aus: Wegner, Bettina (2022). Gebote, Lieder und Gedichte aus 40 Jahren. Salzgeber.

abwechseln können, dass Dinge passieren, die ich nicht geplant habe. Damit umzugehen, erfordert ein sehr hohes Maß an (Achtung! Es folgen sehr sperrige, deutsche, aber präzise Begriffe) Ambiguitätstoleranz, Entscheidungsfreudigkeit, Durchhaltevermögen und Improvisationsfähigkeit. Es bedeutet aber auch mit Extremen umgehen zu lernen: mit euphorischen Hochs und niederschmetternden Tiefs. Selbst der noch vom Geniebegriff besetzte Goethe sagt, dass nicht der Künstler oder das Publikum entscheidet, was als Kunst entsteht, sondern die Kunst selbst. Das heißt, es wird Kontrolle abgegeben statt hinzu gewonnen. Das muss man aushalten können, am besten sogar lieben. Paradox erscheint: Je besser ich darin werde, desto mehr finde ich meine eigene Stimme und stelle fest, es sind derer viele. Ich werde erst jetzt die Künstlerin, die ich immer werden wollte oder die ich vielleicht immer schon war: Ich entwickele mich mehr und mehr hin zu einer Vielstimmigkeit, zu einem Kaleidoskop, das durch viele farbige Gläser die Welt betrachtet. In einem Podcast fesselt mich ein Vortrag, in dem es heißt, gute Pop-Songs könne man schon sehr jung schreiben, eine Oper hingegen nicht. Ist es mit einem malerischen Werk vielleicht auch so? Maler:innen, die schon sehr jung, mit 27 zum Beispiel, auf ein in sich stimmiges, vollendet wirkendes Werk zurück blicken (wie Kurt Cobain, Amy Winehouse oder Janis Joplin in der Musik), fallen mir wenige ein, eigentlich immer nur einer: Jean-Michel Basquiat. In der Malerei scheinen große Sprünge und Neufindungen auch noch im fortgeschrittenen Alter nicht nur möglich, sondern vielleicht sogar eher möglich. Gute Beispiele (unter vielen) sind Hilma af Klint und Philip Guston. Malerei ist ein zeitaufwändiges Unterfangen und, zumindest in der Tendenz, fordert sie einen längeren Weg, der gegangen werden will.

Eine der schönsten Beschreibungen über das Künstlerin sein und das Kunstmachen fand ich in einem Interview mit der Kuratorin Carolyn Christov-Bakargiev:

> Alle Künstler verbindet, dass sie auf eine intuitive Art und Weise denken, und auf eine empathische. Mit Empathie für die Welt. Sie nehmen sich eines Problems an – oder das, was sie für ein Problem halten – und nähern sich ihm auf eine völlig andere Art, als dies ein Philosoph oder Wissenschaftler tun würde. Ihr Wissen ist nicht professionell, sondern amateurhaft – sie sind ‚amatori', also im Wortsinne Liebhaber, denn sie haben eine Liebe zu den Dingen. Ihr Wissen ist sehr empirisch, selbst wenn sie konzeptuell arbeiten, es unterliegt einem ständigen Test mit der Welt und dem Leben. Und es ist nicht produktivistisch in dem Sinne, dass es ein Ziel erreichen will. Es akzeptiert Ungewissheiten, Ambivalenzen, Unsicherheiten, Fehler. Es ist vielleicht so etwas wie empirische Philosophie. Ein Philosoph denkt und redet über die Welt, aber er benutzt nicht die Sprache des Dinges, über das er nachdenkt. Wenn er über Wasser reflektiert, schüttet er kein Wasser ins Glas. Ein Künstler, der über Wasser nachdenkt, würde Wasser benutzen. Denkt er über Farbe nach, benutzt er Farbe. Will er die Gesellschaft

ändern, macht er ein aktivistisches Projekt. Sein Verfahren ist gewissermaßen tautologisch: Zu Raumfragen arbeitet er mit Raum, zu Klang mit Klang, zu Licht mit Licht, zu Repräsentation mit Repräsentation und so weiter. Der Gegenstand der Untersuchung und die Untersuchung ist dasselbe. Daher rühren die Freiheit und Offenheit des Materials und der künstlerischen Sprache.

Daher rühren zudem die Überraschungen, die mit der Arbeit am Material einhergehen können. Unter diesen Bedingungen eine Sprache zu entwickeln, braucht Zeit. Aus dem Nicht-Kalkulierten entstehen die besten Ideen. Malerei leidet an überambitionierten Vorhaben, an Überladung durch Inhalte oder didaktisch-motiviertem Herangehen. Sie kann dann schwach und flügellos werden. Mir scheint, Malerei mag prinzipiell Weltanschauungen nicht oder politische oder kulturelle Vereinnahmungen, und sie lässt sich auch nur unwillig in Konzepte einpassen. Selbst wenn sie sich beispielsweise einem religiösen Motiv ganz verschreibt, wie es zu früheren Zeiten üblich war, ist sie nur dann zeitlos berührend, wenn sie auch über das Dargestellte hinaus weist, sich nicht vollständig enträtseln lässt und etwas allgemein Menschliches anspricht (wie eine Sehnsucht) oder sich auf besondere Weise mit ihren eigenen Bedingungen auseinandersetzt (wie mit Farbe und Bildkomposition). So sehr sie, durch ihre tausende von Jahren umfassende Geschichte, in der Lage ist, Uraltes und ganz Neues zusammenzubringen, so ist sie gleichzeitig am interessantesten, wenn sie an der Gegenwart forscht, sich auf den Moment des Handelns einlässt und sich auch durch Improvisation entfaltet. Vielleicht ist das einer der Gründe, warum sie als künstlerisches Medium überhaupt noch super aktuell ist und es immer noch und immer wieder weltweit viele junge Menschen gibt, die malen wollen und das sogar zu ihrem Beruf machen – die unzähligen Social Media Accounts sehr junger Malerinnen und Maler belegen das. Zum Teil belegen sie zwar auch sehr anschaulich, dass man eine sehr lange Zeit benötigt, um wirklich interessante Bilder zu malen, jedoch finde ich das Phänomen trotzdem, in Zeiten einer rasanten, technologischen Entwicklung und dem parallel dazu Verschwinden der Handschrift, sehr bemerkenswert. Painting is not dead.

Der silberne See

Meine Mutter liebte den glasklaren Großen Stechlinsee im Norden Brandenburgs, einen berühmten See, der mittlerweile an den Wochenenden von festivalähnlichen Massen Berliner Touristen heimgesucht wird. Den See scheint das jedoch nicht zu stören. Jedes Mal, wenn ich da bin, liegt er majestätisch und märchenhaft mitten im Wald, zeitlos, ewig und ungerührt. Als Kind nahm ich seine Schönheit jedoch immer auch beunruhigt wahr, es umgab ihn ein Geheimnis, das mit mir direkt zu tun zu haben schien, das ich aber zu dieser Zeit noch nicht auflösen konnte. Den See umrankte zudem eine uralte, unheimliche Sage, die sich mir bildgewaltig eingeprägt hat. Meine Mutter erzählte sie einige Male, und ich hatte den Eindruck, dass sie sich dabei selbst gruselte, was die Sache für mich umso aufregender machte. Sie erzählte, der See hätte ein unergründliches Eigenleben und würde an manchen Tagen trotz stillen Wetters aufbrausen und schäumen, seine Farbe verändern, sich von Silber zu Tiefschwarz umfärben. Es gäbe nicht nur Berge und eine verschwundene Stadt in den Tiefen des Sees, sondern auch einen gigantischen, roten Hahn, der flügelschlagend die Wassermassen bewegt und Fischerboote in den Abgrund zieht. „Indem er mit seinen mächtigen Flügeln das Wasser peitscht, betäubt er mit donnerndem Krähen den Fischer und zieht ihn hinab", erzählte meine Mutter die Geschichte, und tatsächlich färbte sich an diesem Tag der See tiefschwarz, als hätte er uns zugehört. Mein Bruder jedoch meinte, das läge nur an einem in der Nähe liegenden Kernkraftwerk, das sein Kühlwasser in den See leiten würde. Die Zeitungen schrieben, eine plötzliche Zusammenkunft harmloser Bakterien hätte die Färbung ausgelöst. Die Geschichte war damit entzaubert, jedoch blieb mein unbestimmtes Gefühl. Als ich Jahre später die Umstände meiner versehentlichen Zeugung erfuhr, verstand ich zum ersten Mal bewusst, was Intuition bedeutet. Doch davon berichte ich ein anderes Mal.

Jetzt erzählen zuerst die Bilder ihre Geschichten.

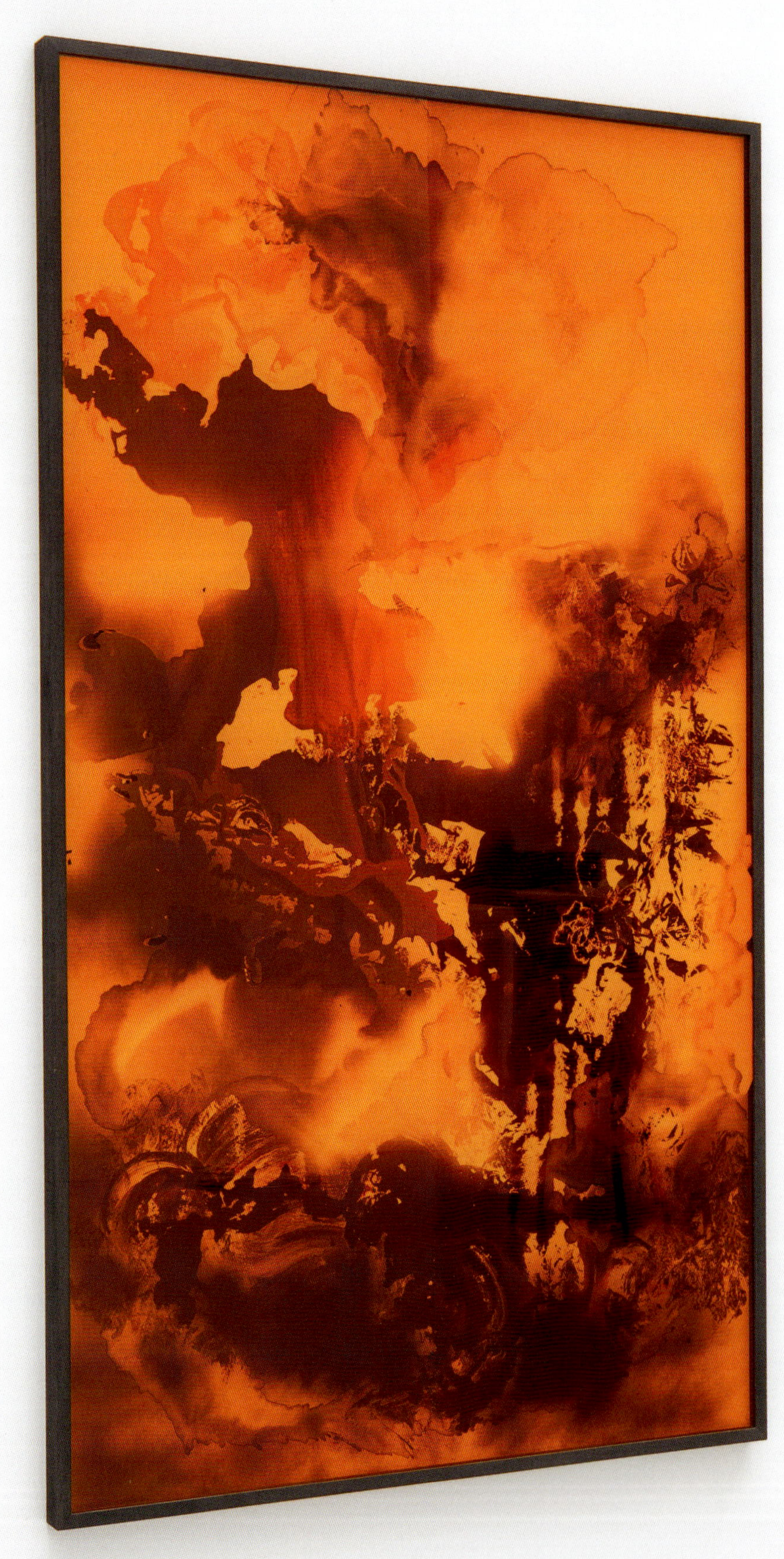

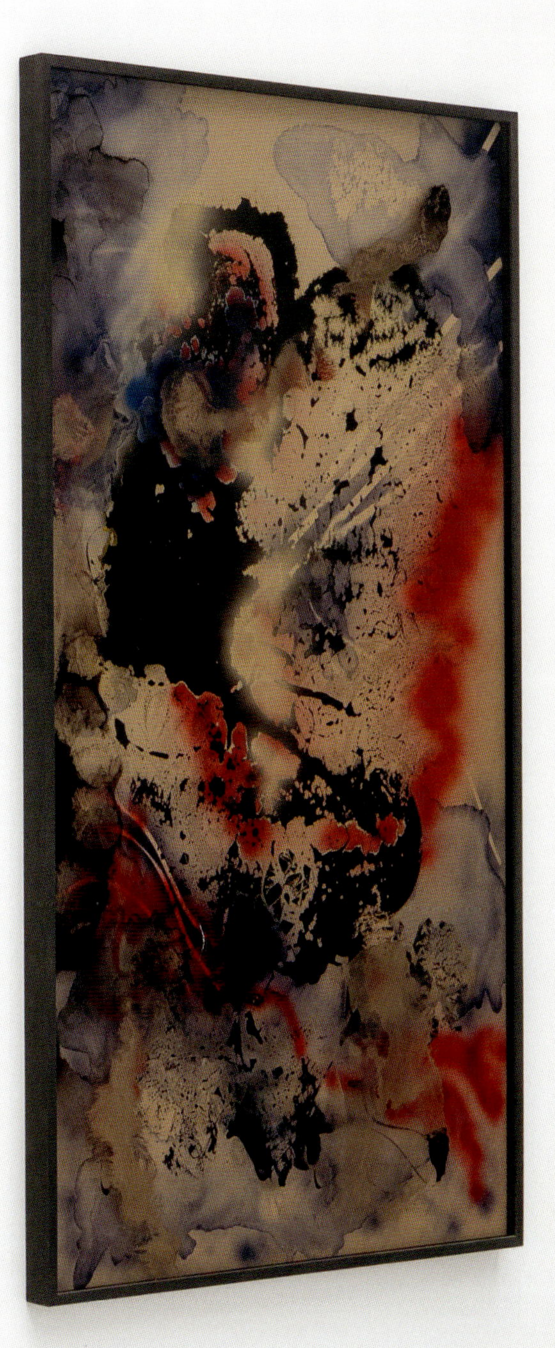

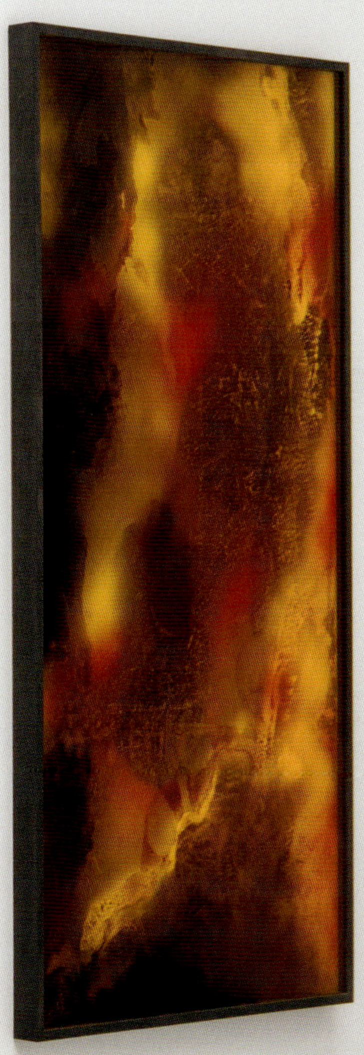

Glasbilder
Glass paintings

Seit / Since 2012

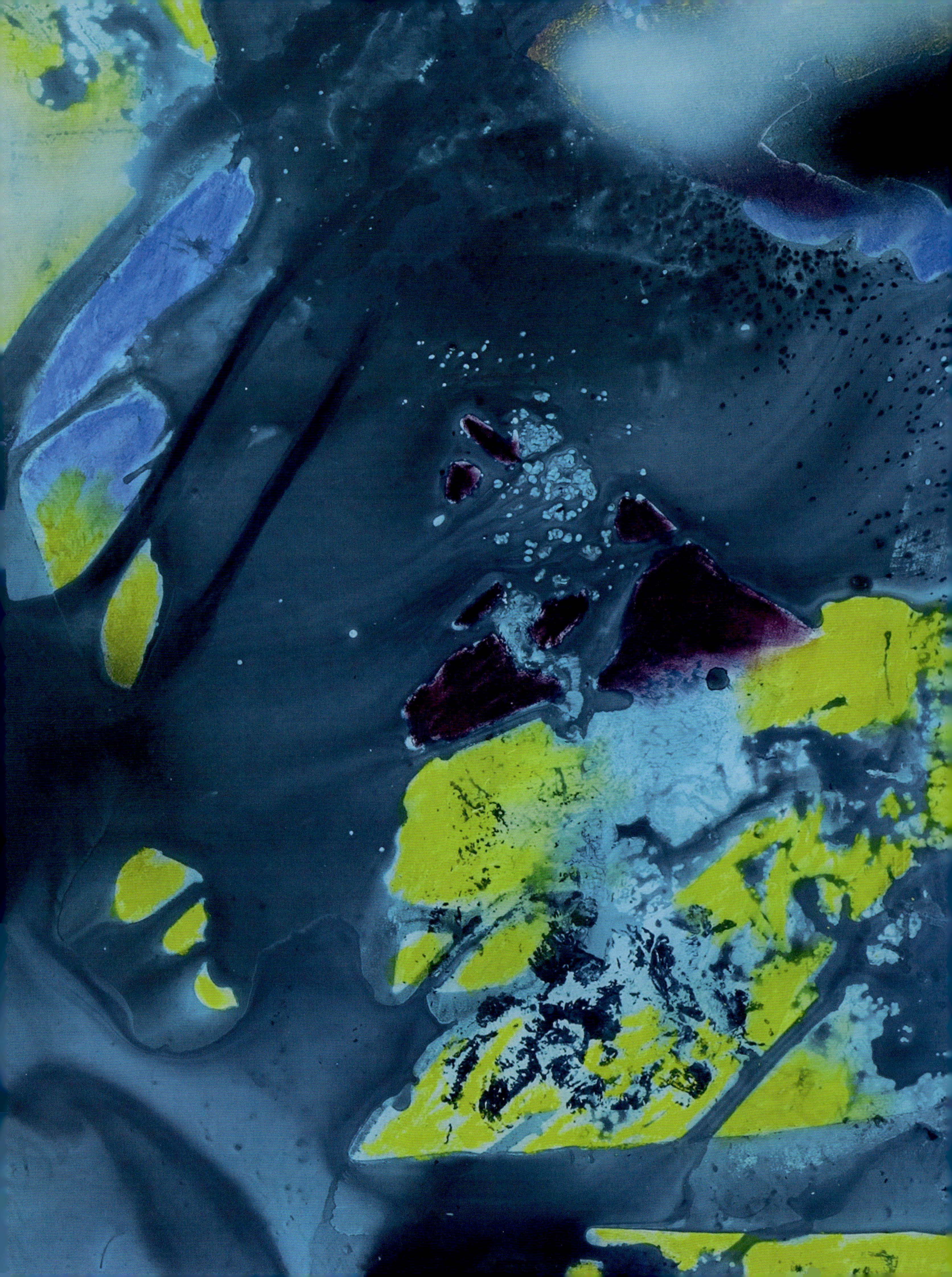

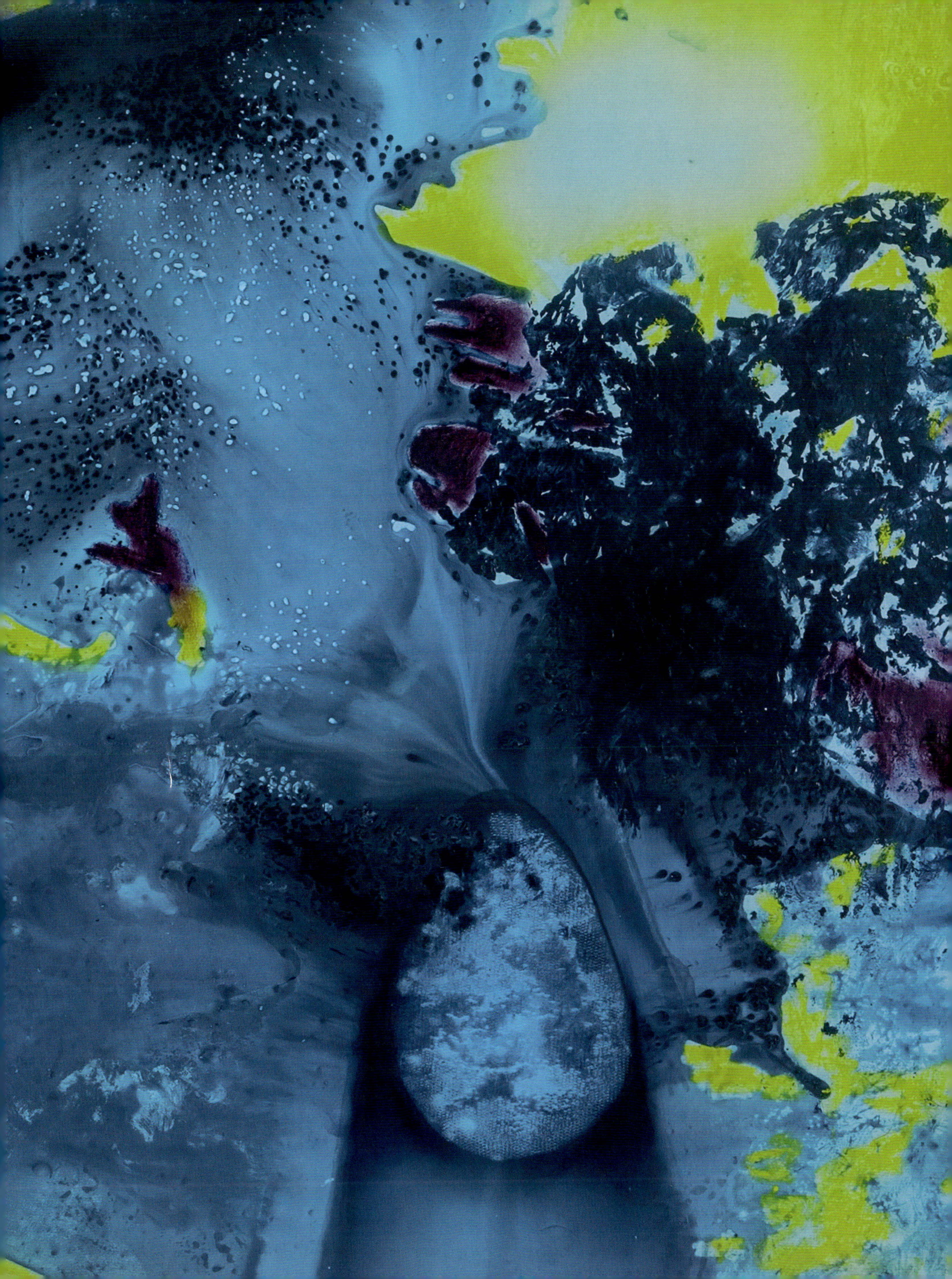

Vorangegangene Doppelseite / pages 38/39:
und gegenüberliegende Seite / Page 41:

I'm afraid I cant't do this (after A Space Odyssey), 2022–2023
Acryl, Öl und Pastellfarbe auf Acrylglas und MDF /
Acrylic, oil and pastel on acrylic glass and MDF, 118 x 143 cm
Atelieransicht / Studio view, Uferhallen Berlin

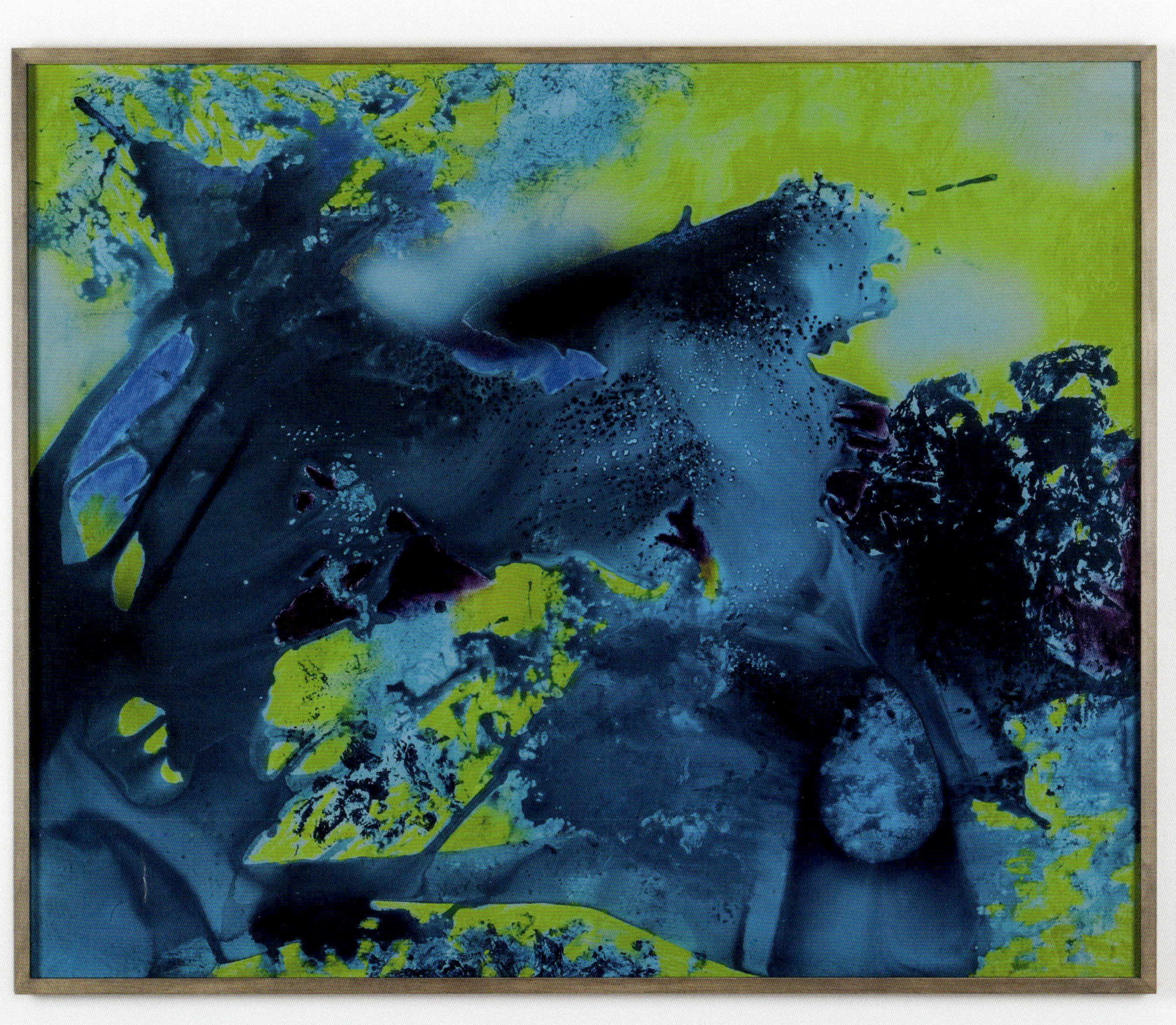

Südliches Orakel (Detail), 2024
Sprühfarbe, Pastellfarbe und Kohle auf MDF, gerahmt mit farbigem Acrylglas /
Spray paint, pastel and charcoal on MDF, framed with coloured acrylic glass, 107 x 71 cm

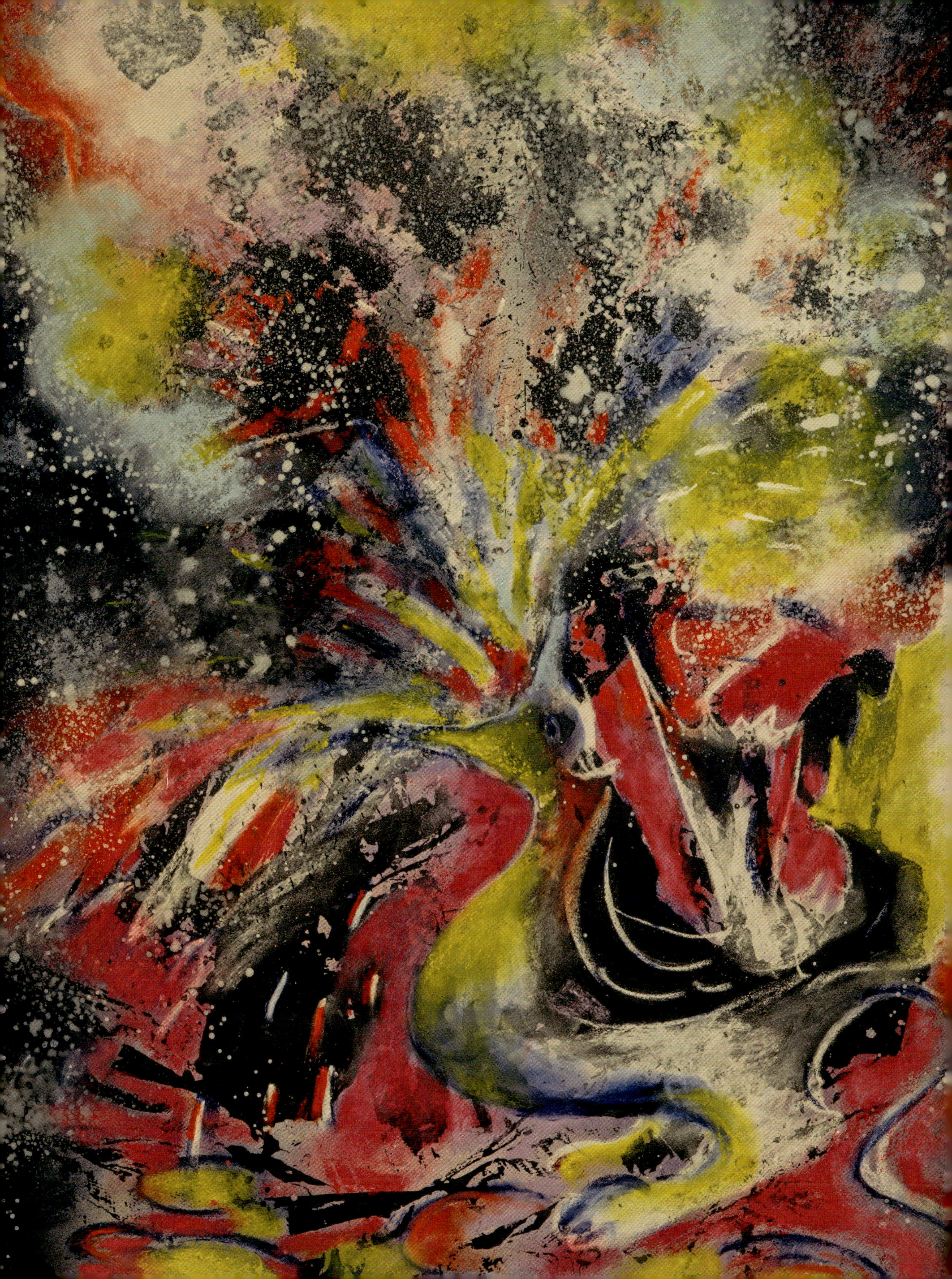

Südliches Orakel
Atelieransicht / Studio view, Uferhallen, Berlin, 2024

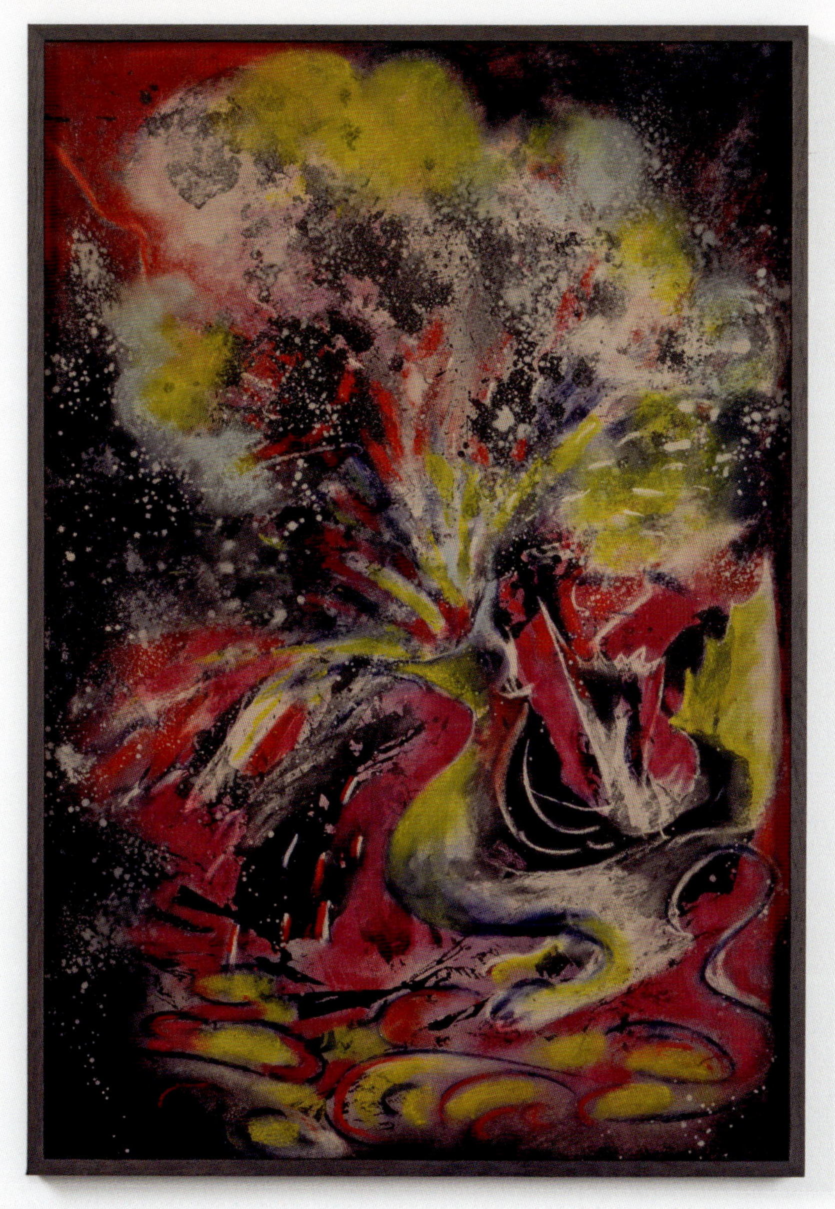
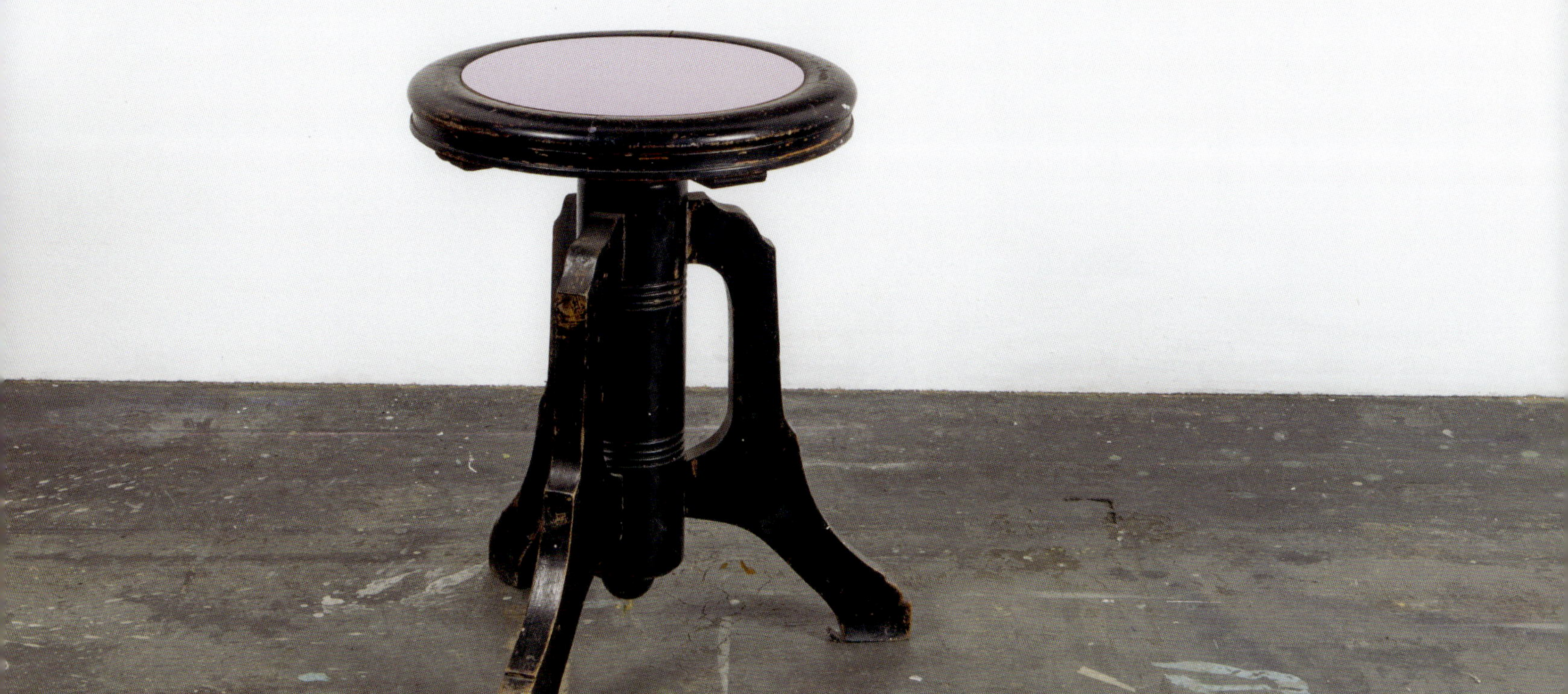

Werefkins Wald (Detail), 2021
Sprühfarbe und Pastellfarbe auf Acrylglas und MDF /
Spray paint and pastel on acrylic glass and MDF, 122 x 102 cm

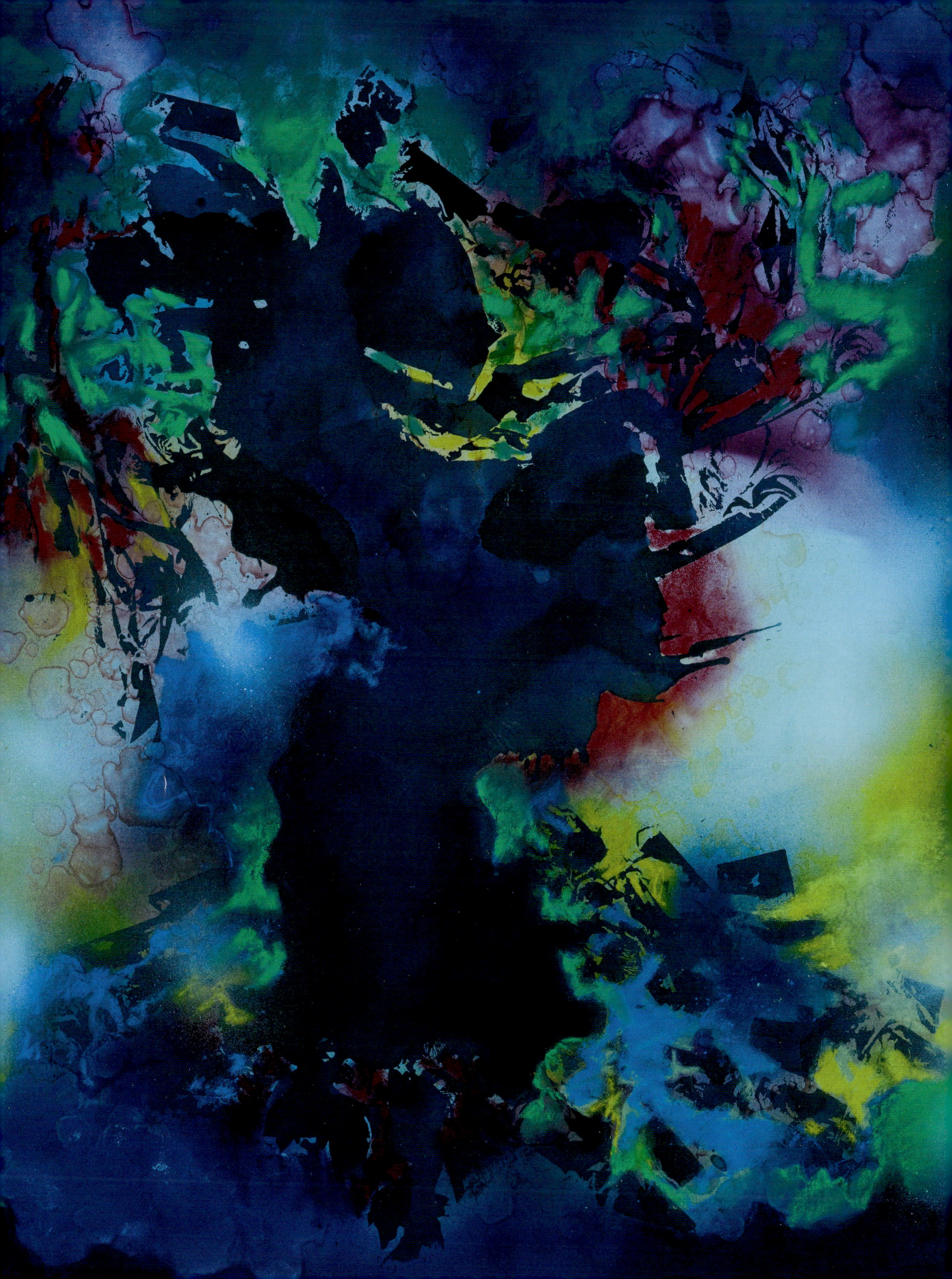

O.T. umbra 21 (Detail), 2015
Sprühfarbe und Tinte auf Acrylglas und MDF /
Spray paint and ink on acrylic glass and MDF, 230 x 130 cm

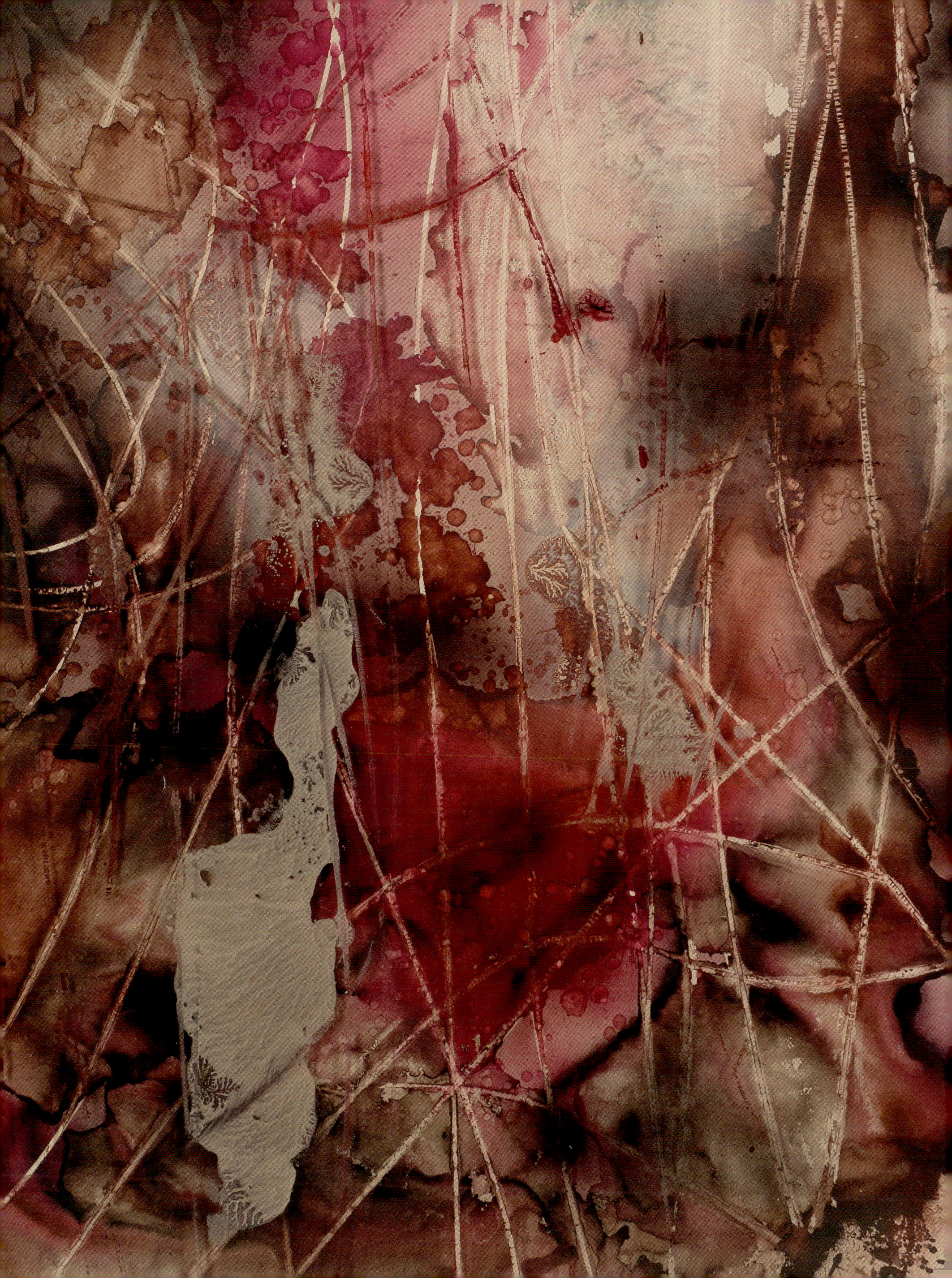

Love Song, 2018
Öl, Sprühfarbe und Bleistift auf Papier, montiert auf MDF, gerahmt mit blauem Acrylglas /
Oil, spray paint and pencil on paper, mounted on MDF, framed with blue acrylic glass, 70 x 50 cm

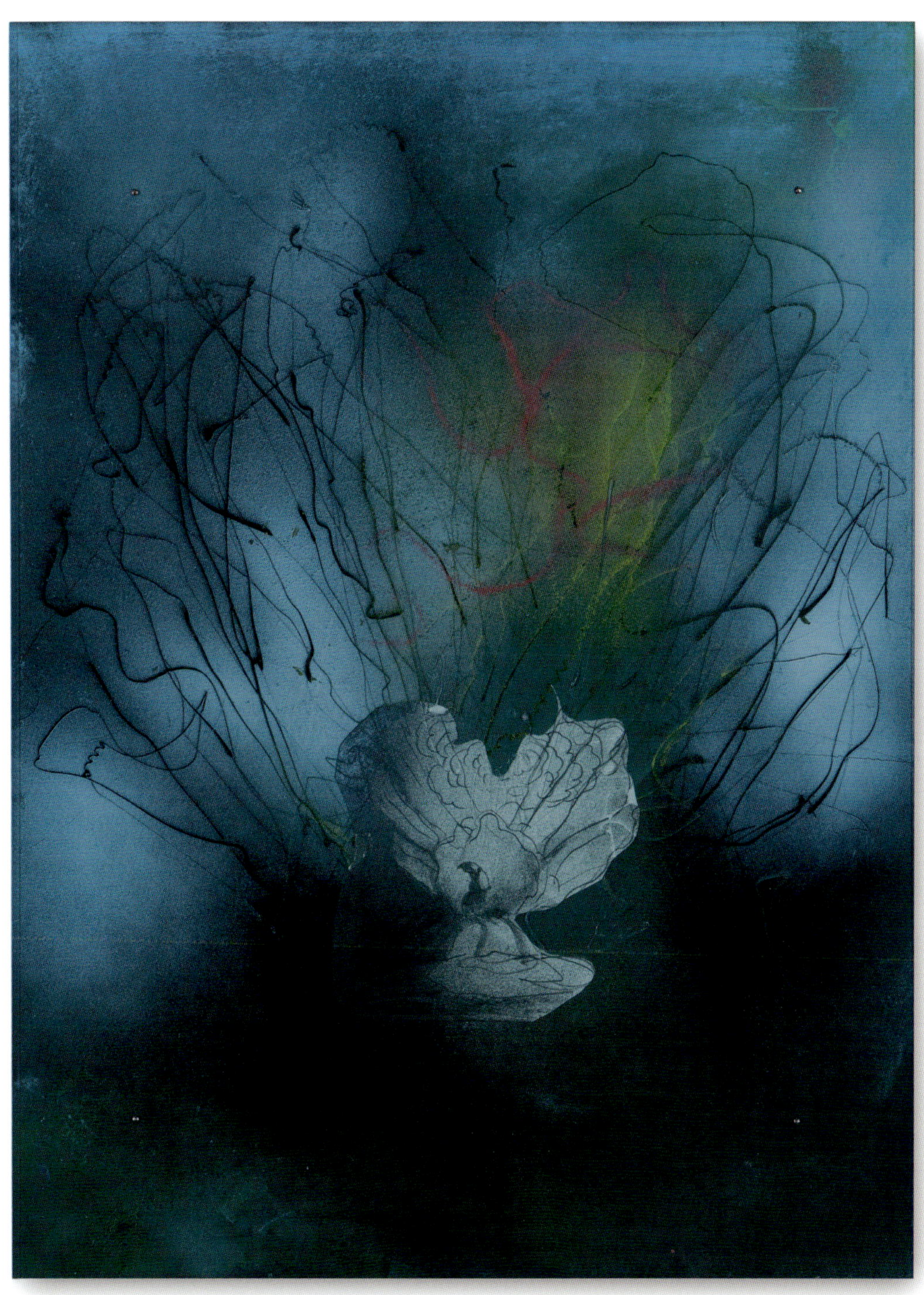

O.T. / Untitled, 2022
Sprühfarbe und Pastellfarbe auf MDF, gerahmt mit violettfarbenem Acrylglas /
Spray paint and pastel on MDF, framed with purple acrylic glass, 50 x 35 cm

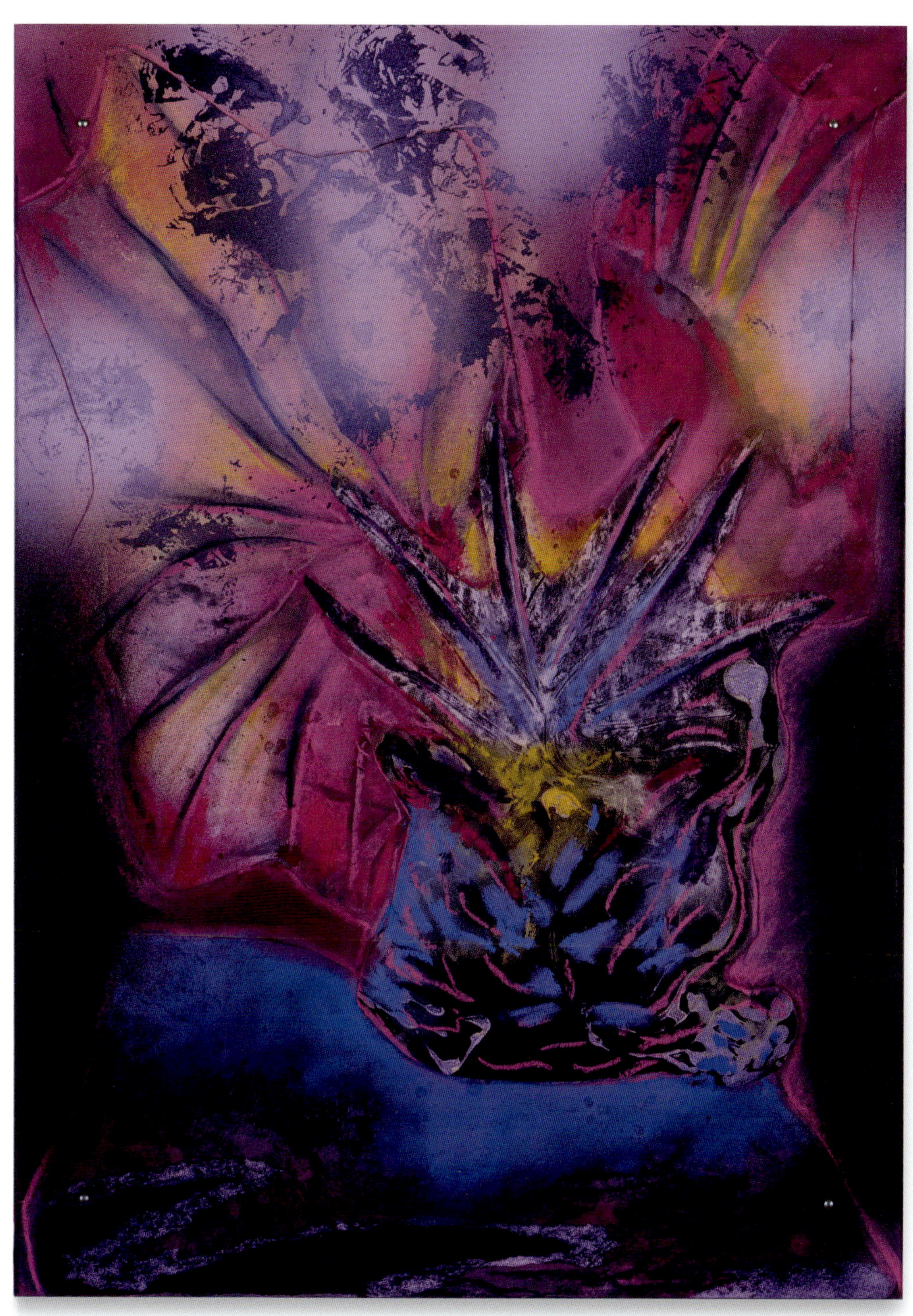

Feuervogel, 2021
Öl, Pastellfarbe und Tusche auf MDF, gerahmt mit gelbem Acrylglas /
Oil, pastel and ink on MDF, framed with yellow acrylic glass, 122 x 102 cm

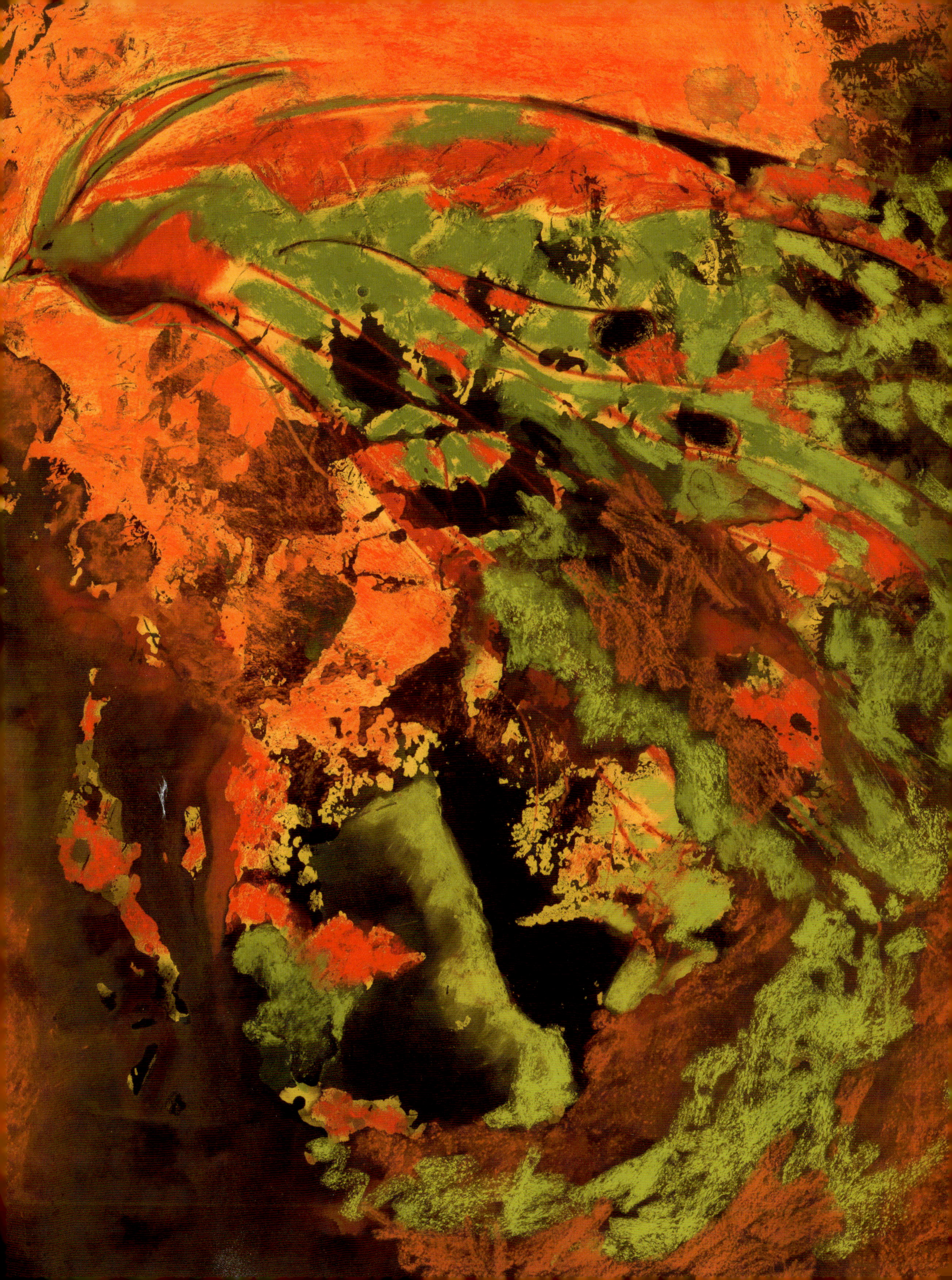

Orakel mit Licht, 2025
Öl, Pastellfarbe und Tusche auf Leinwand und MDF, gerahmt mit gelbem Acrylglas /
Oil, pastel and ink on canvas and MDF, framed with yellow acrylic glass, 52 x 41,5 cm

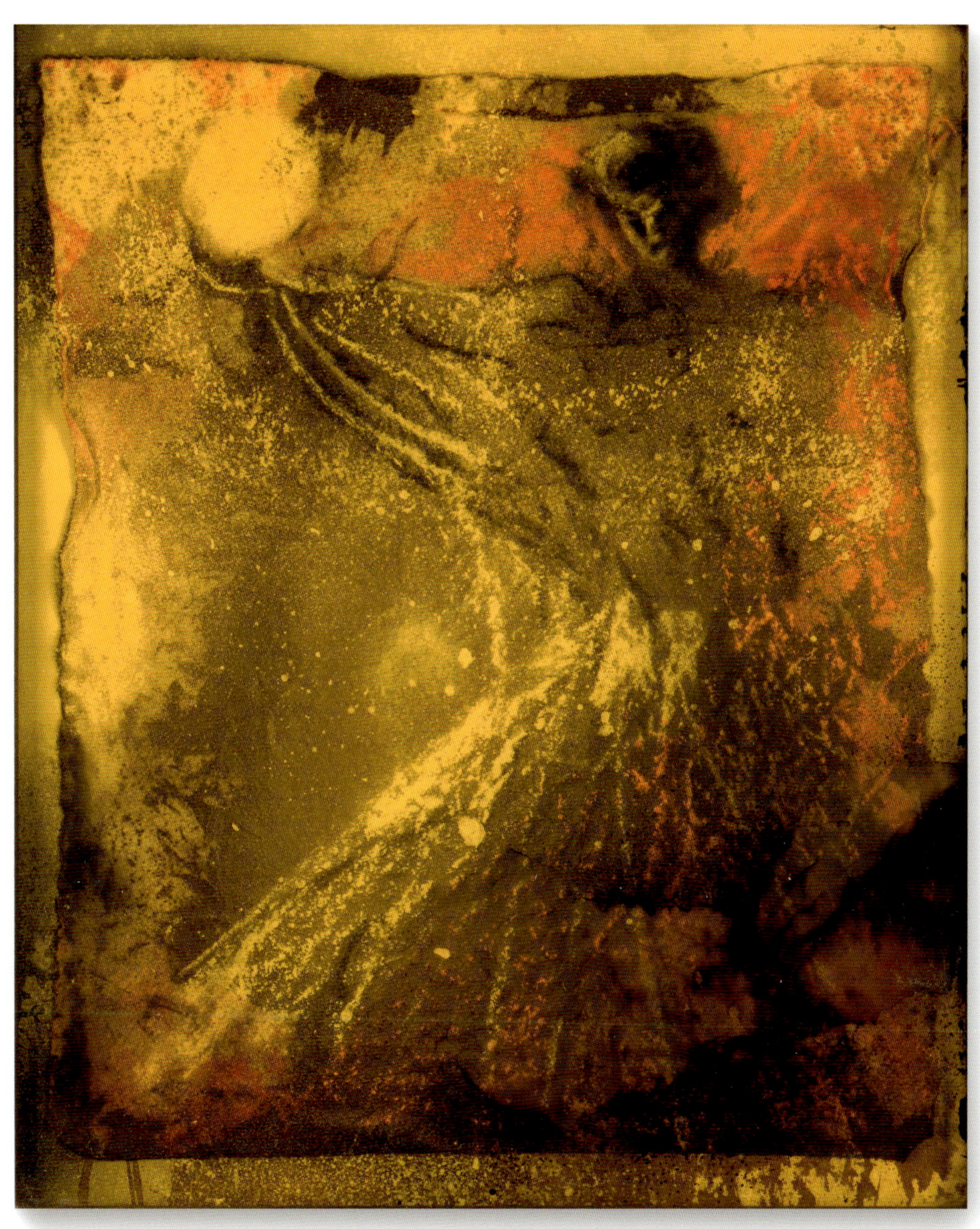

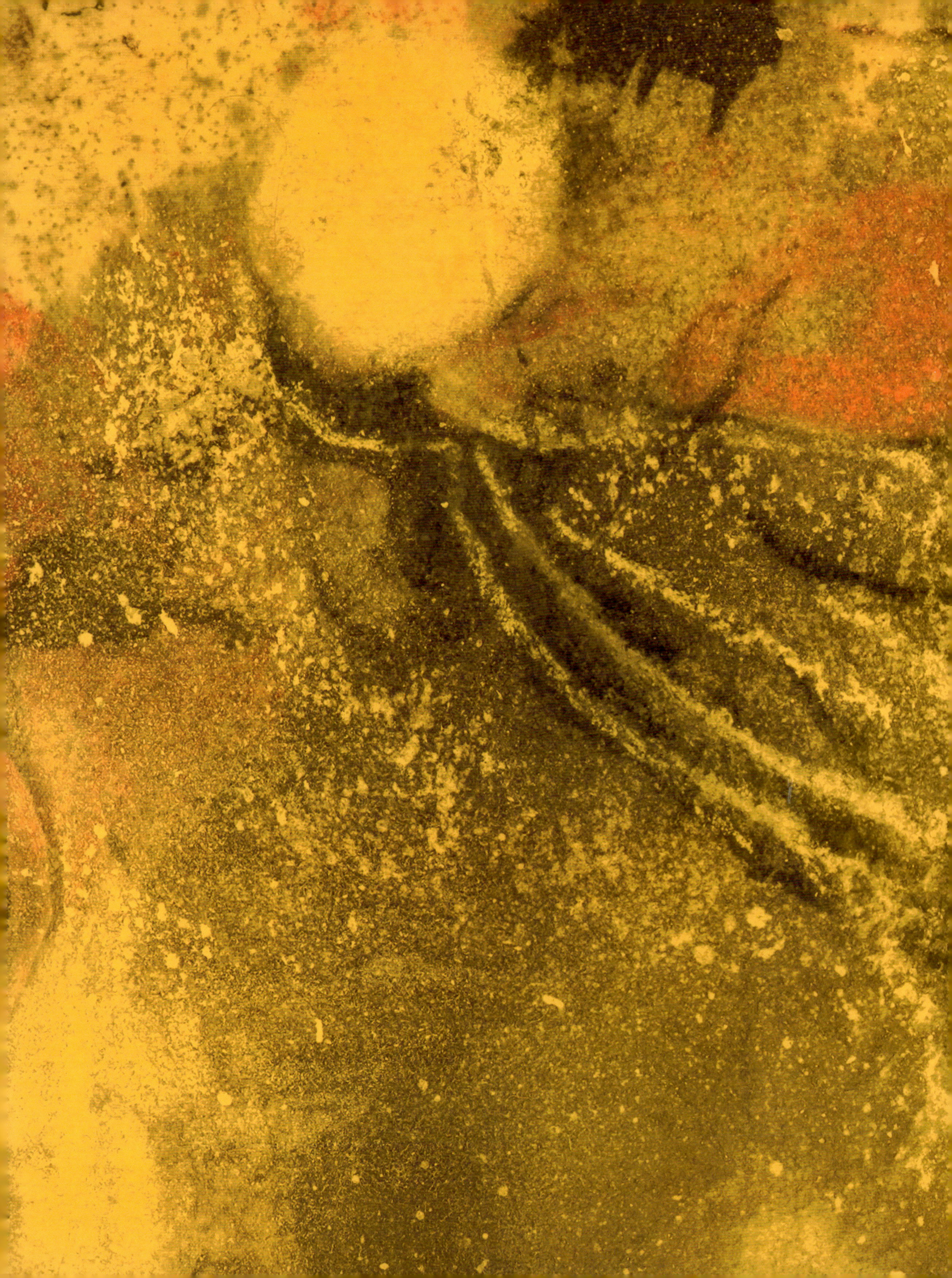

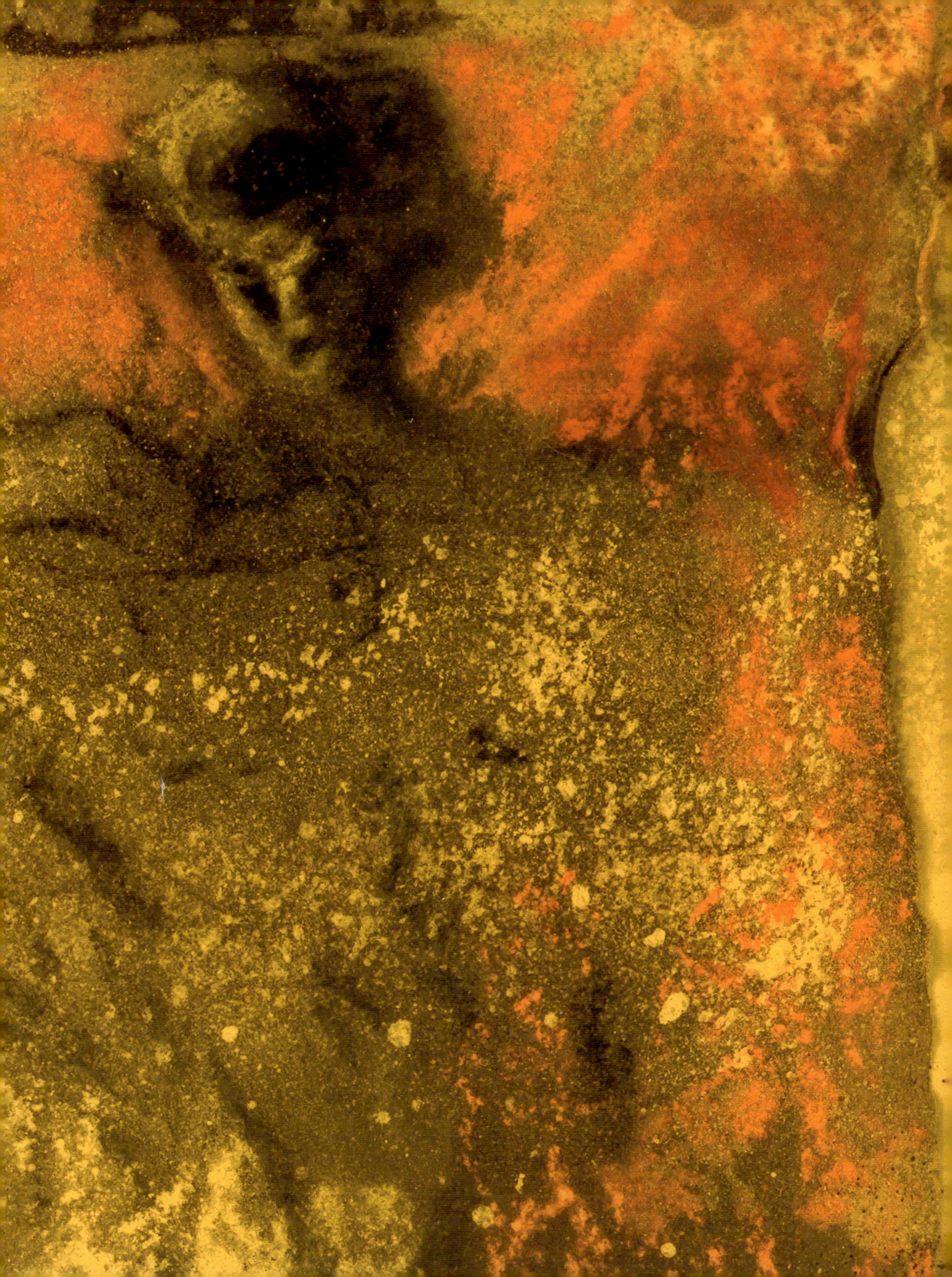

Launen des Merkur, 2024
Öl, Pastellfarbe und Tusche auf MDF, gerahmt mit gelbem Acrylglas /
Oil, pastel and ink on MDF, framed with yellow acrylic glass, 122 x 102 cm

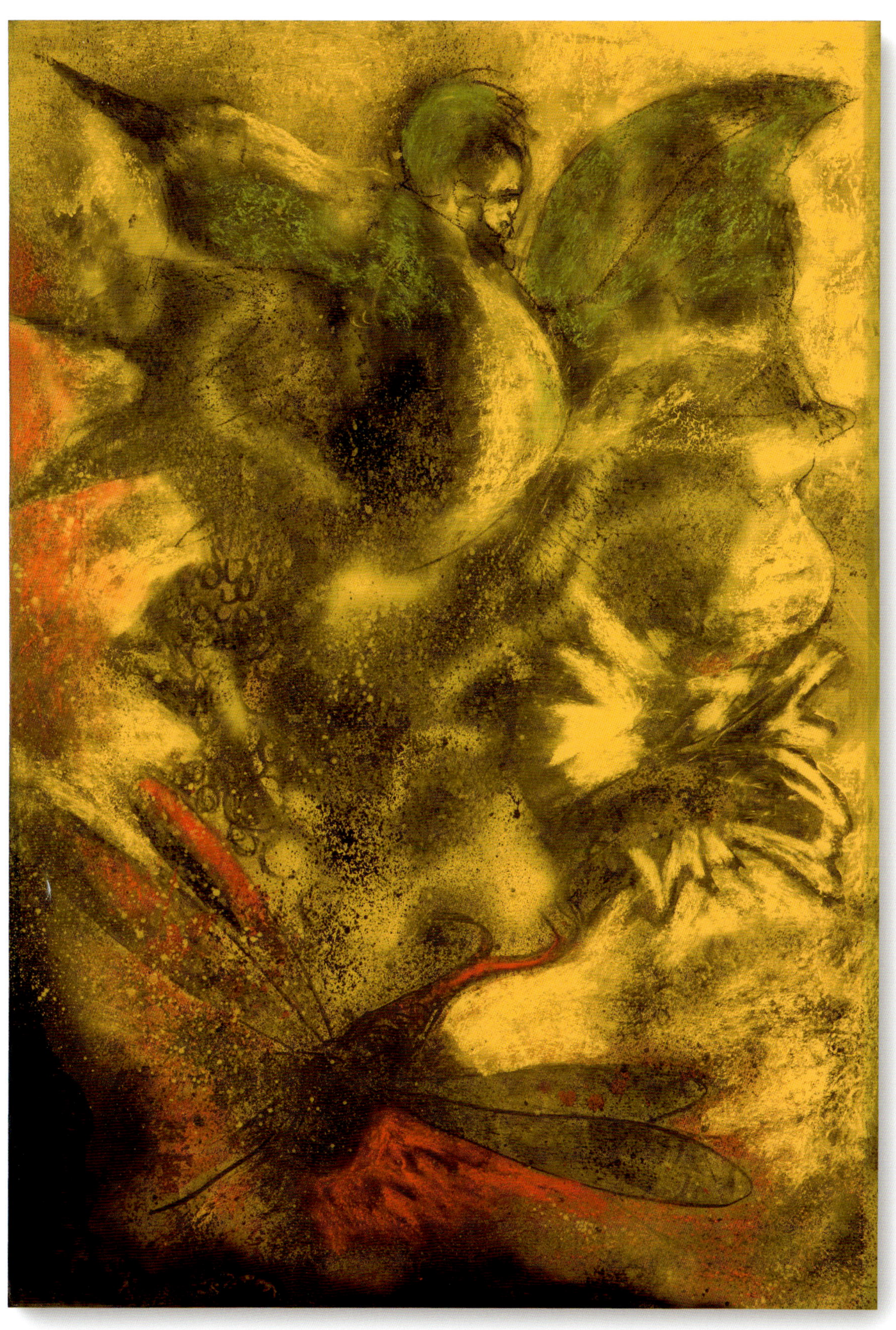

Firestarter II, 2023
Sprühfarbe, Tusche und Pastellfarbe auf MDF, gerahmt mit orangefarbenem Acrylglas /
Spray paint, ink and pastel on MDF, framed with orange acrylic glass, 102 x 72 cm
Atelieransicht / Studio view, Uferhallen, Berlin

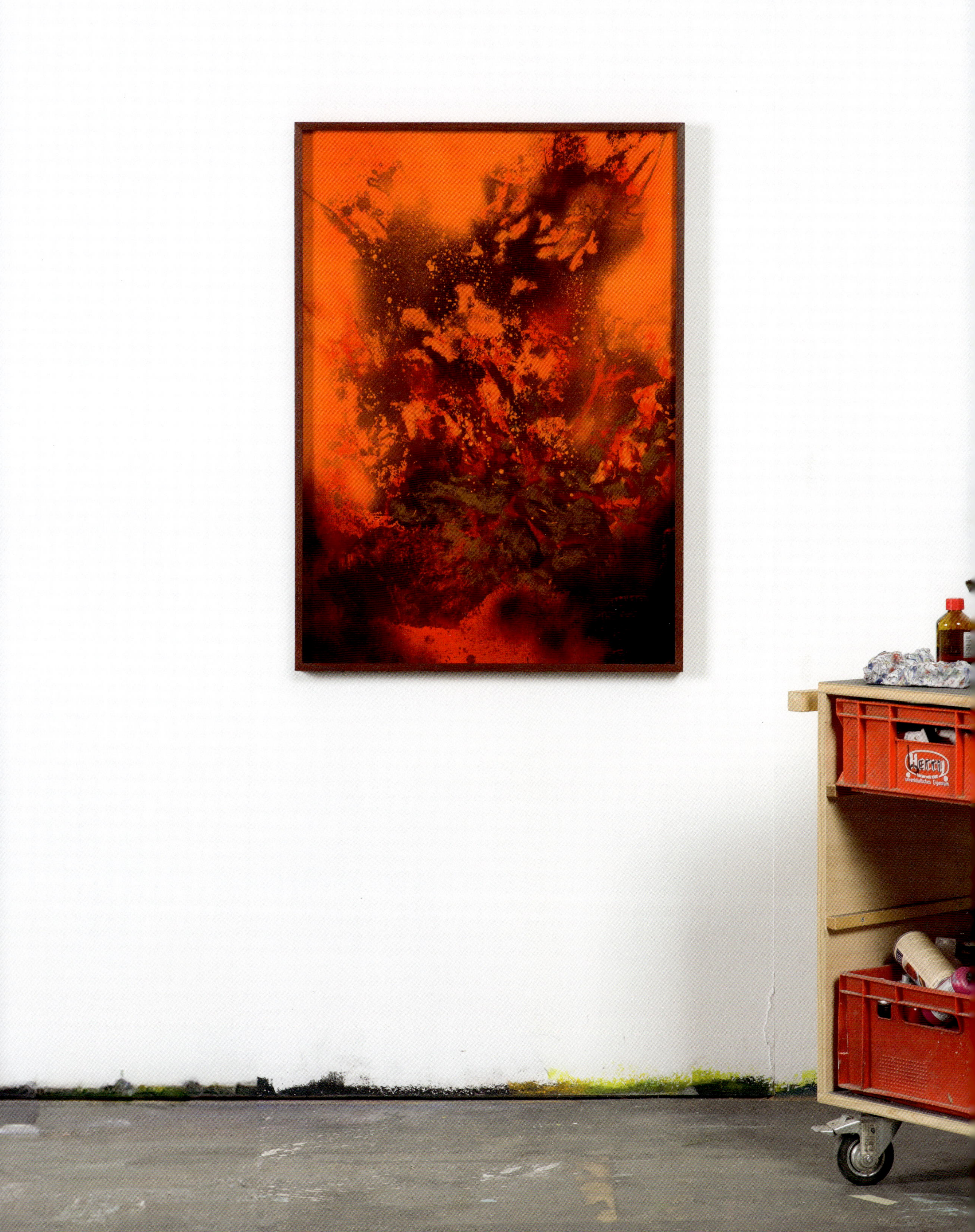
unverkäufliches Eigentum

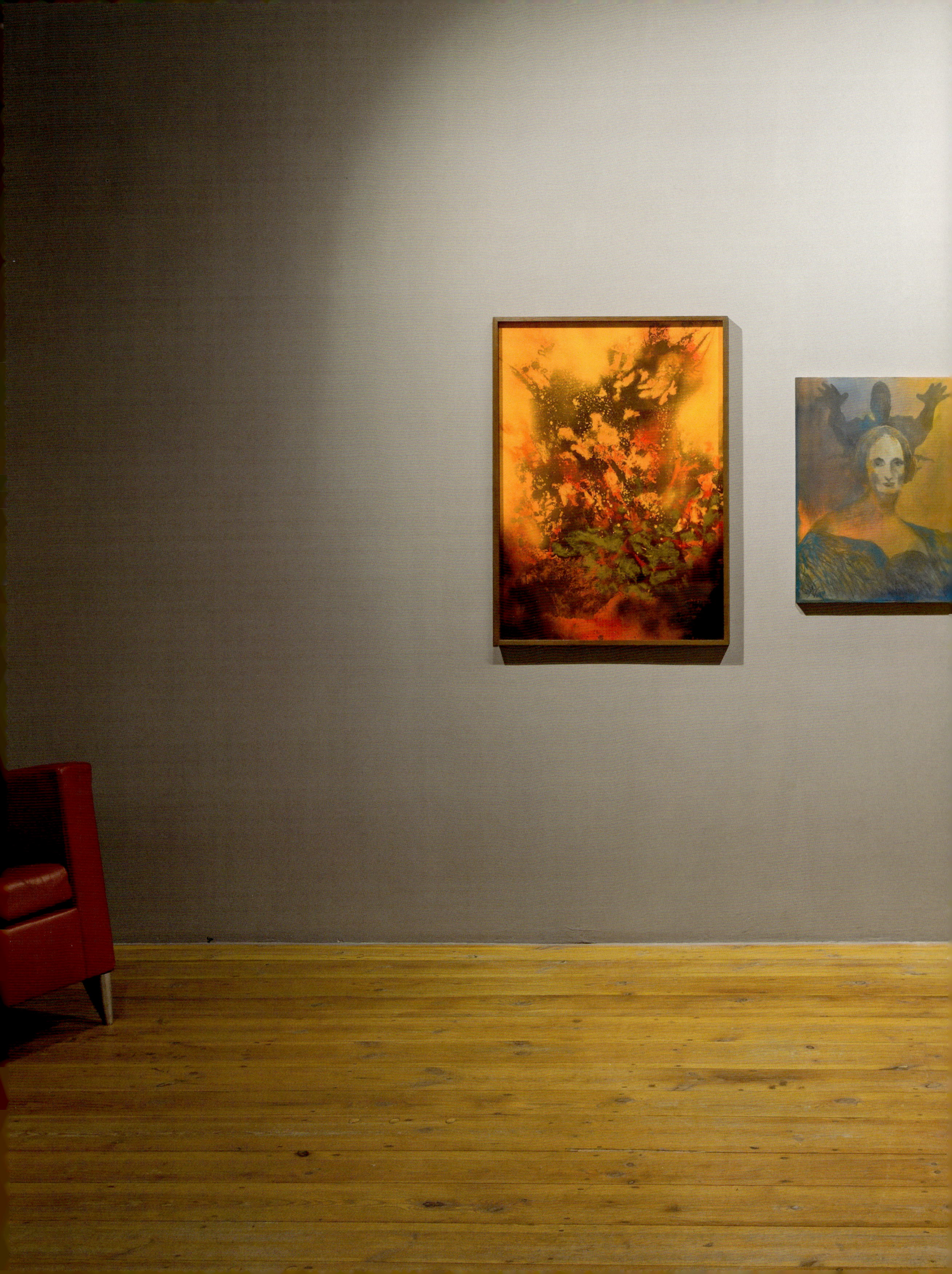

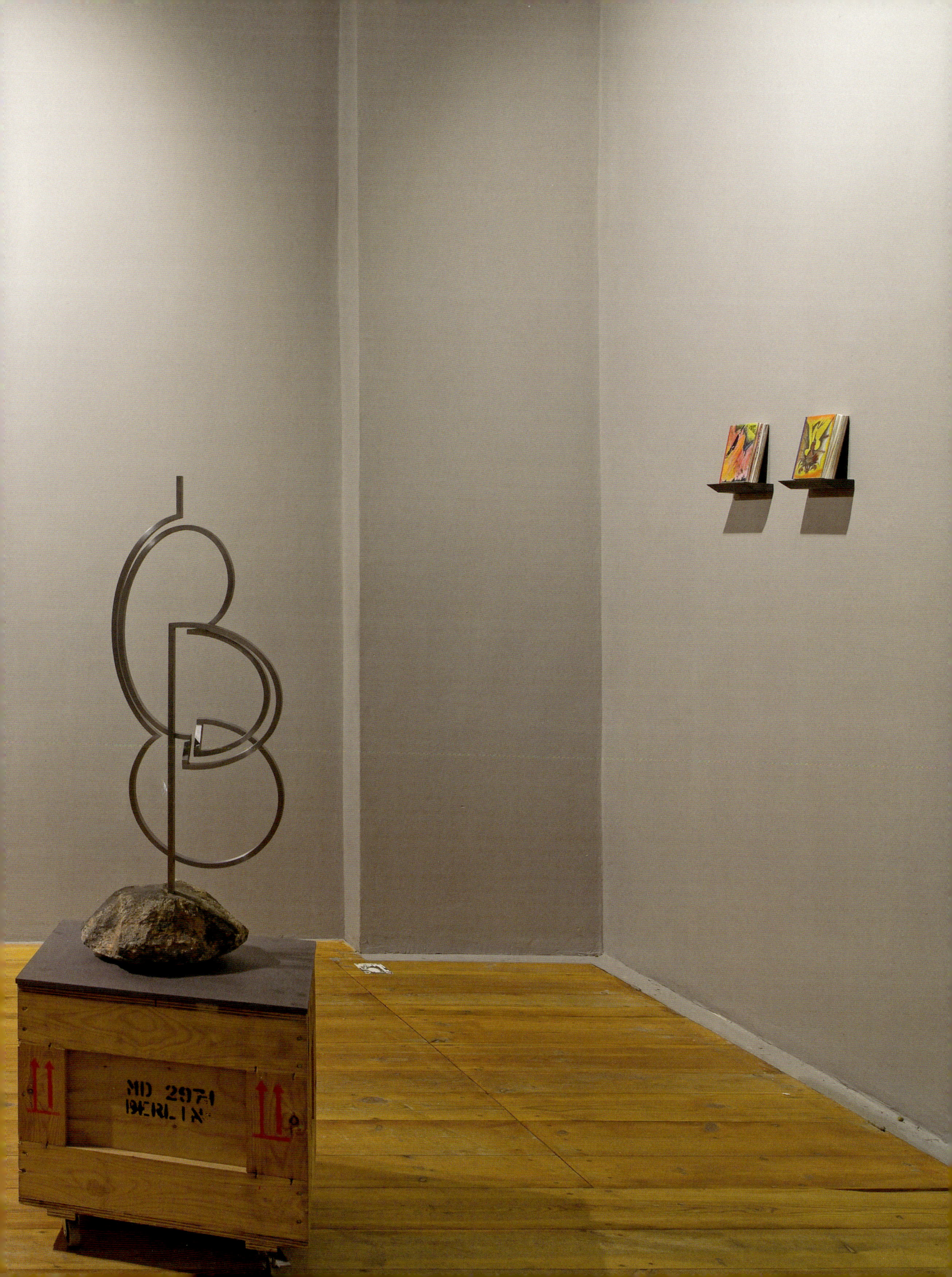
MD 2971
BERLIN

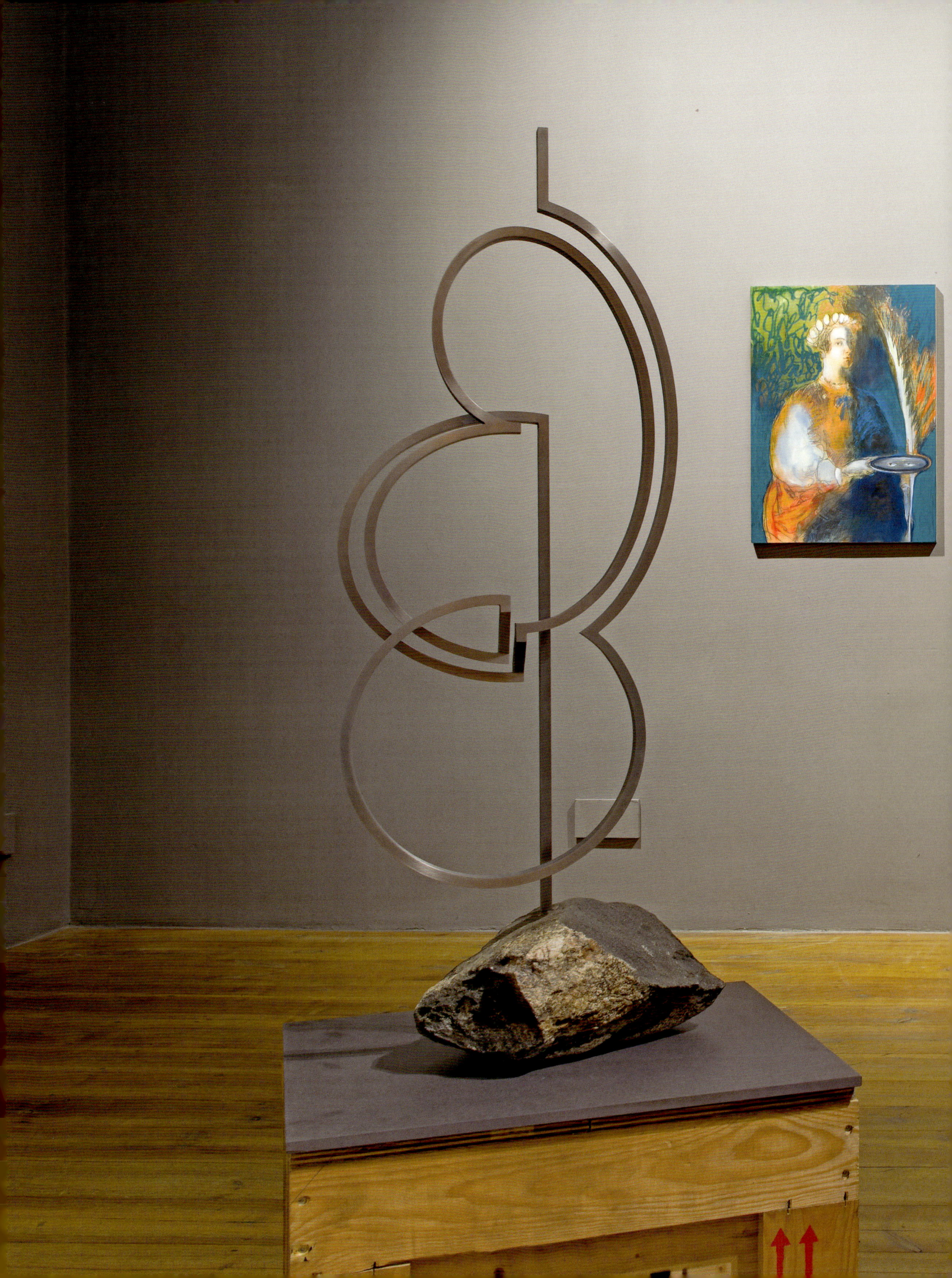

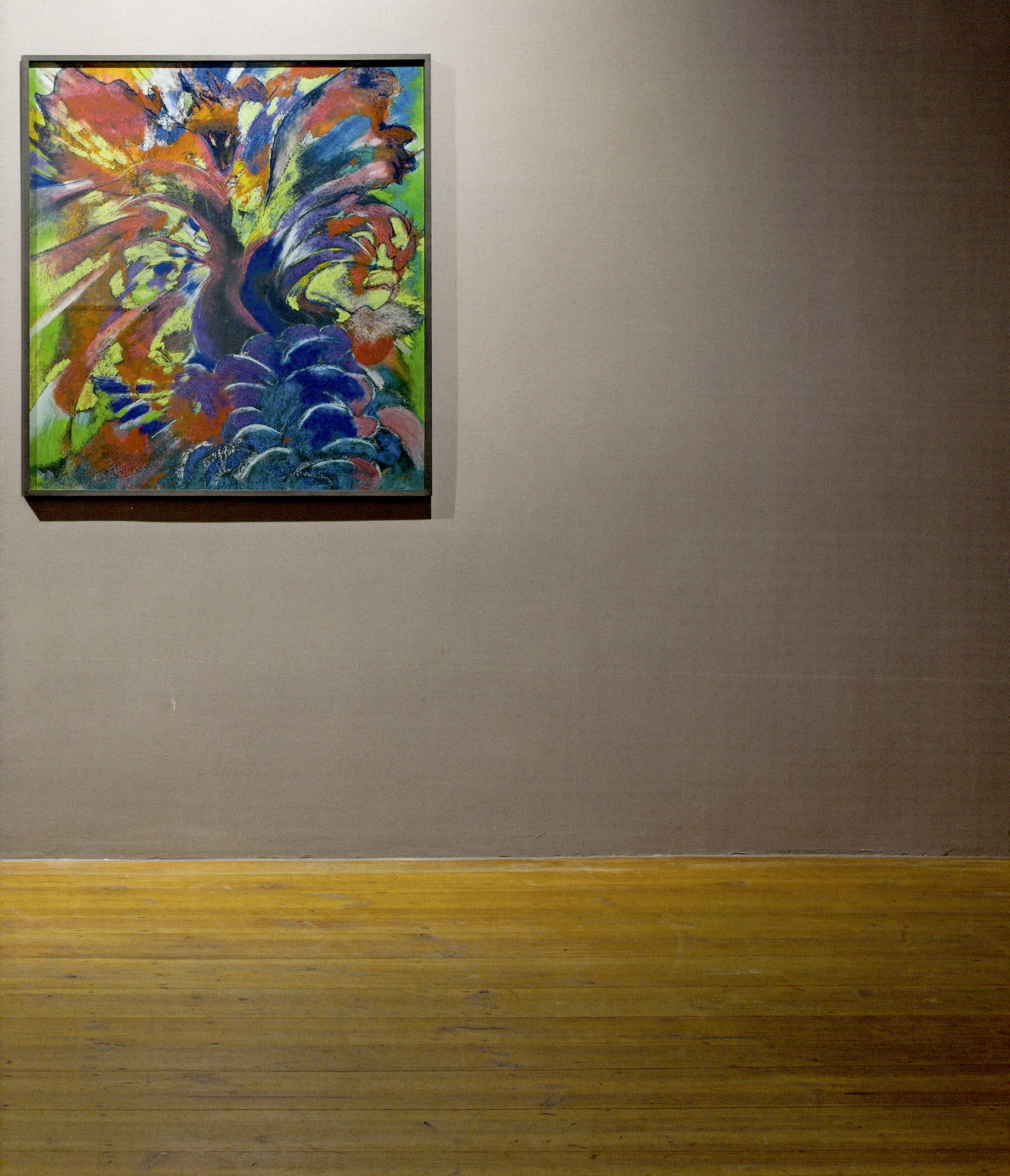

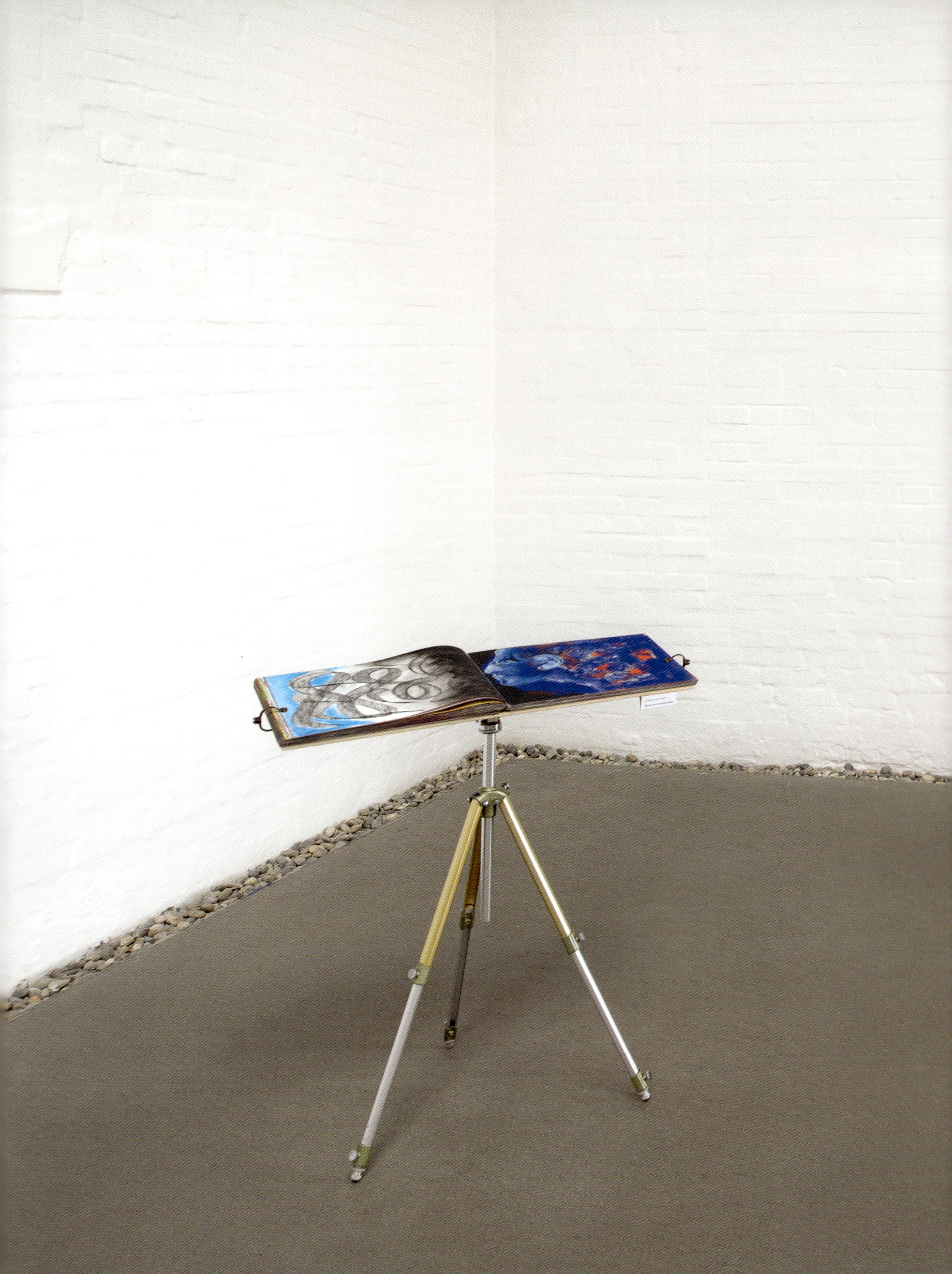

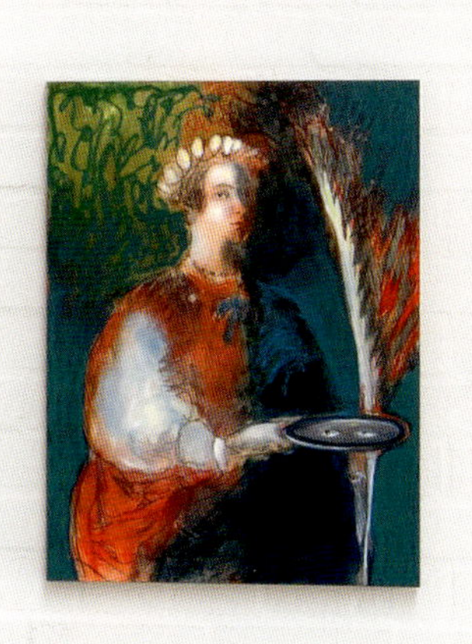
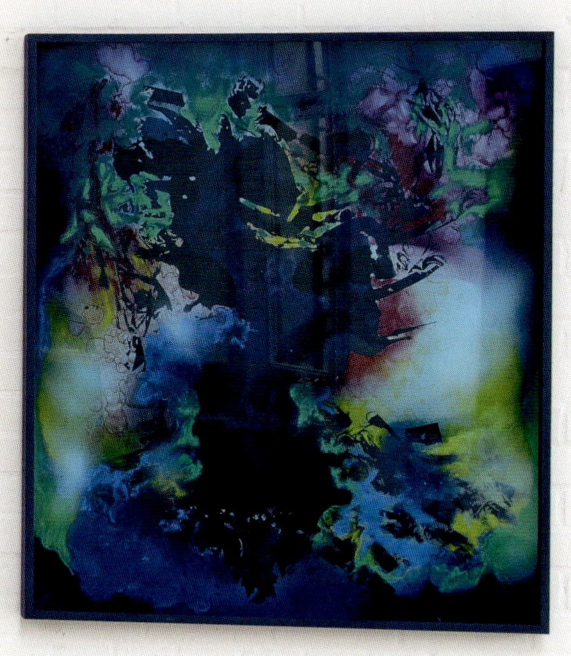

Skizzenbücher
Sketchbooks

Seit / Since 2020

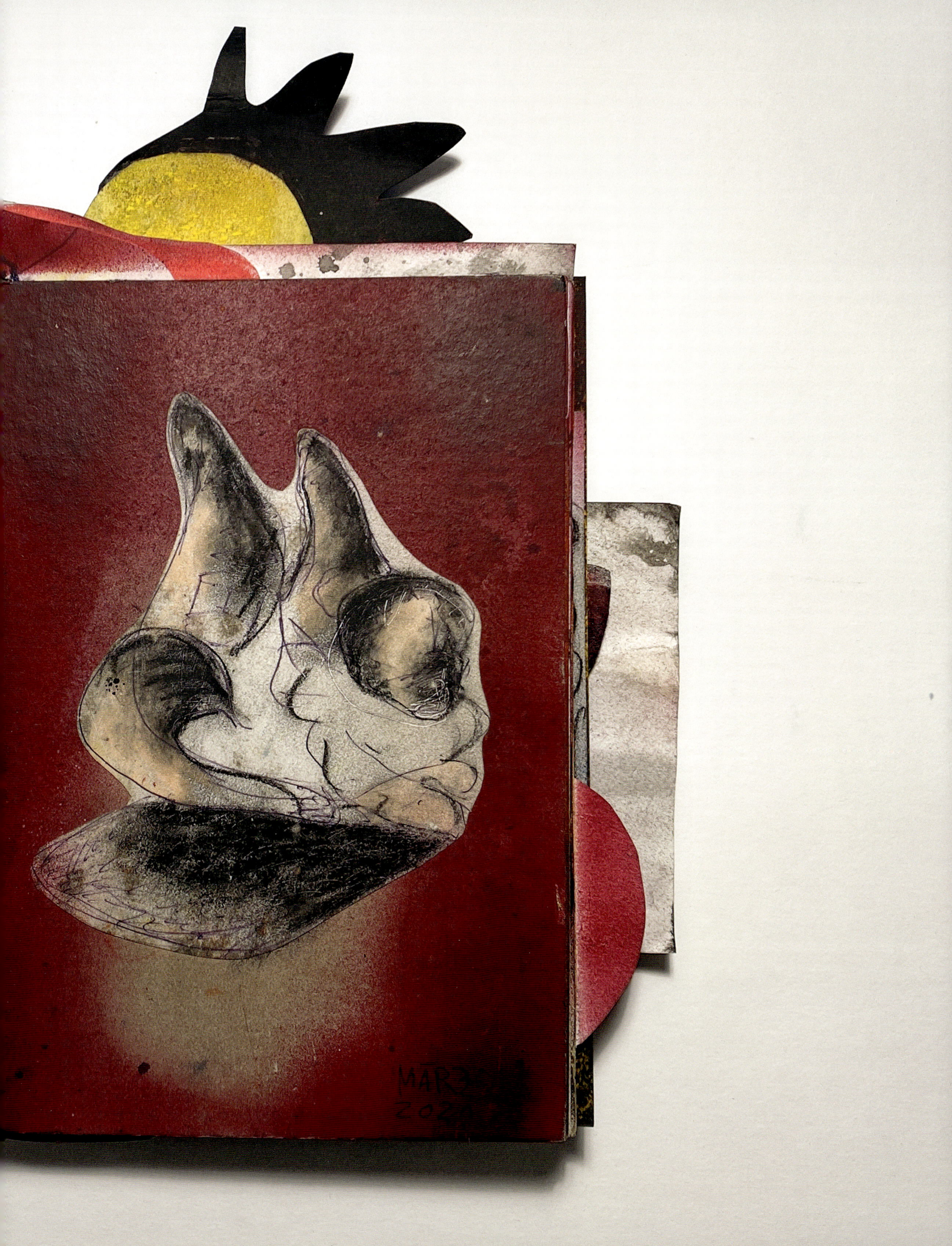

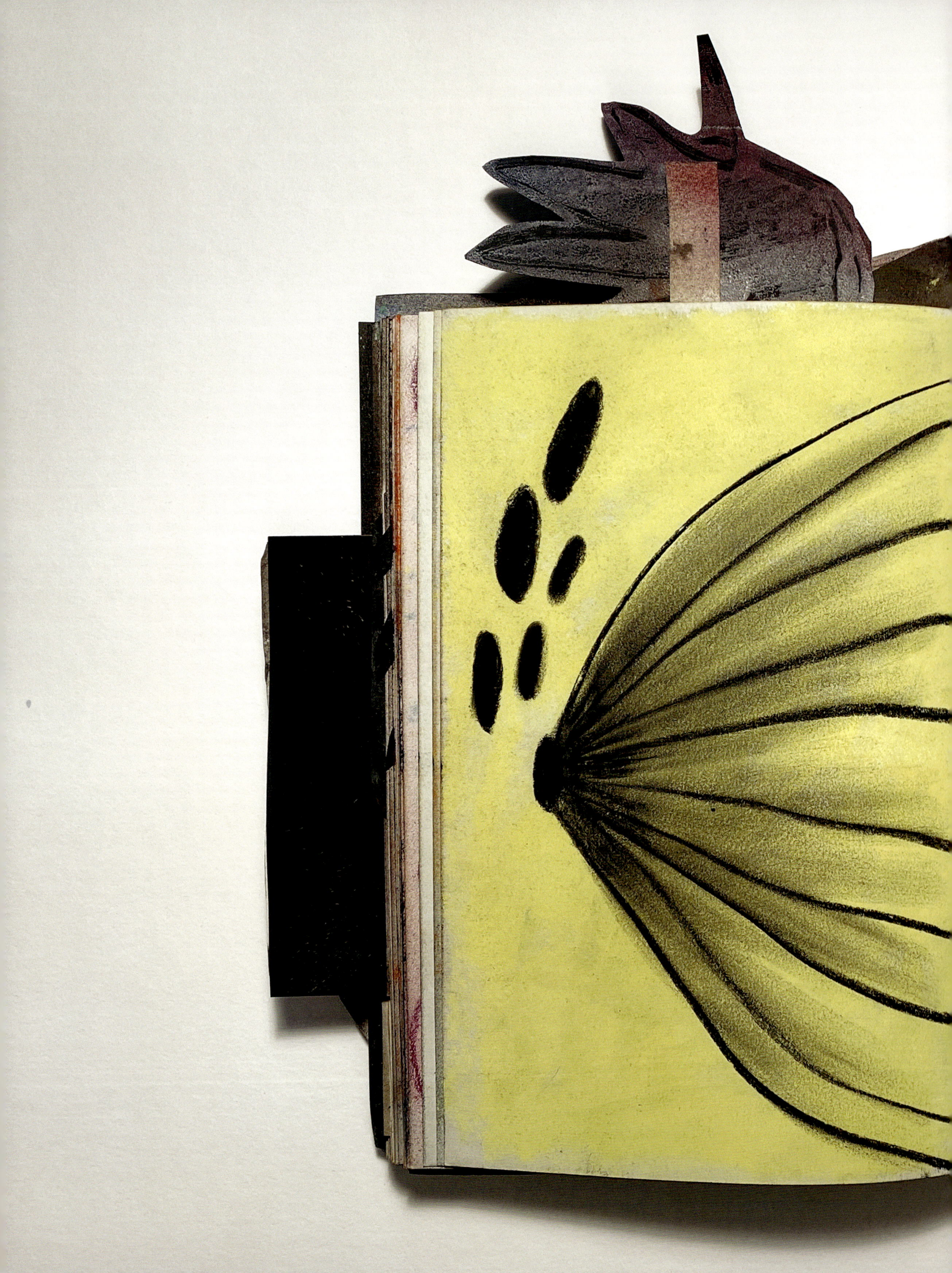

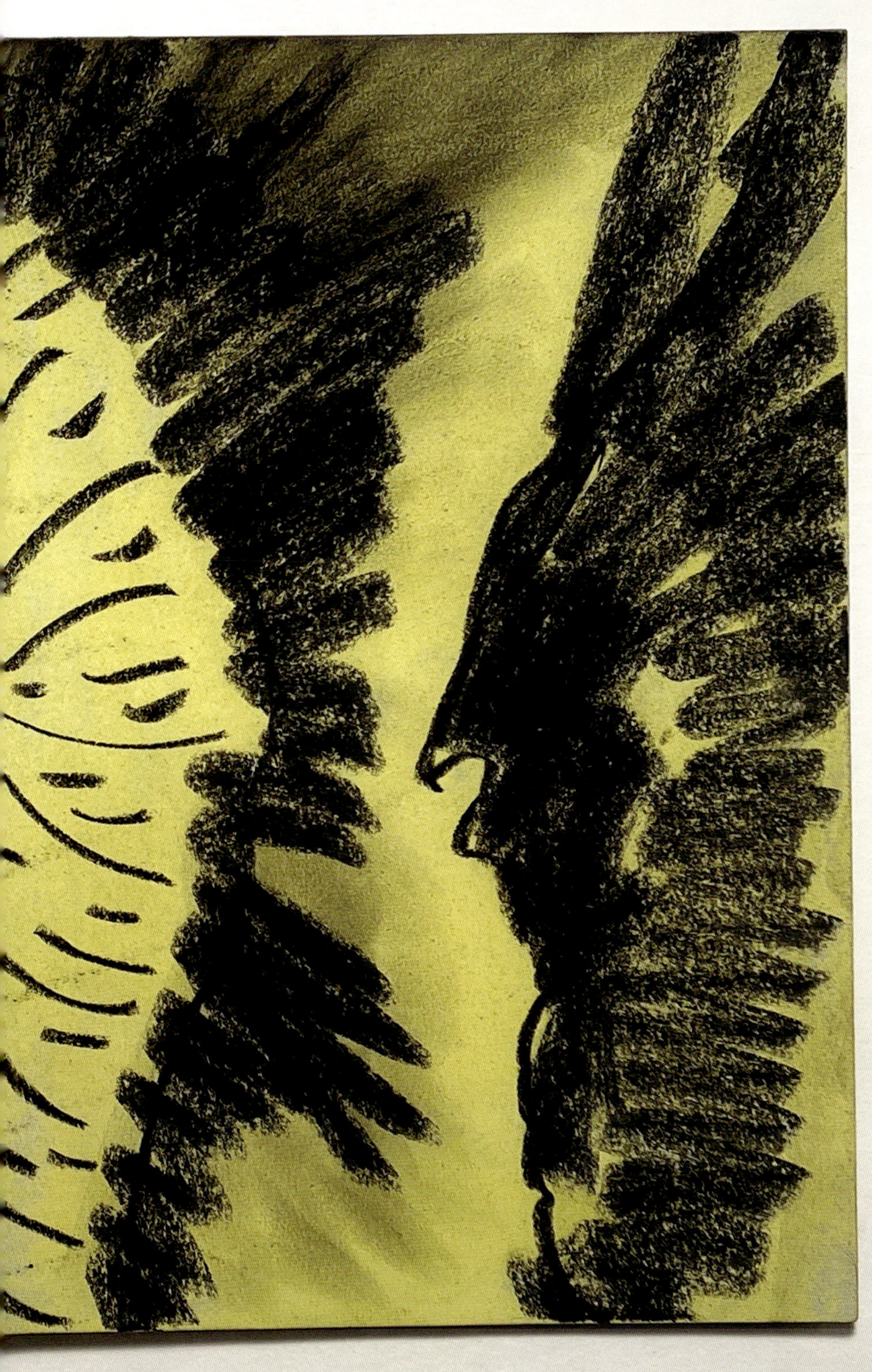

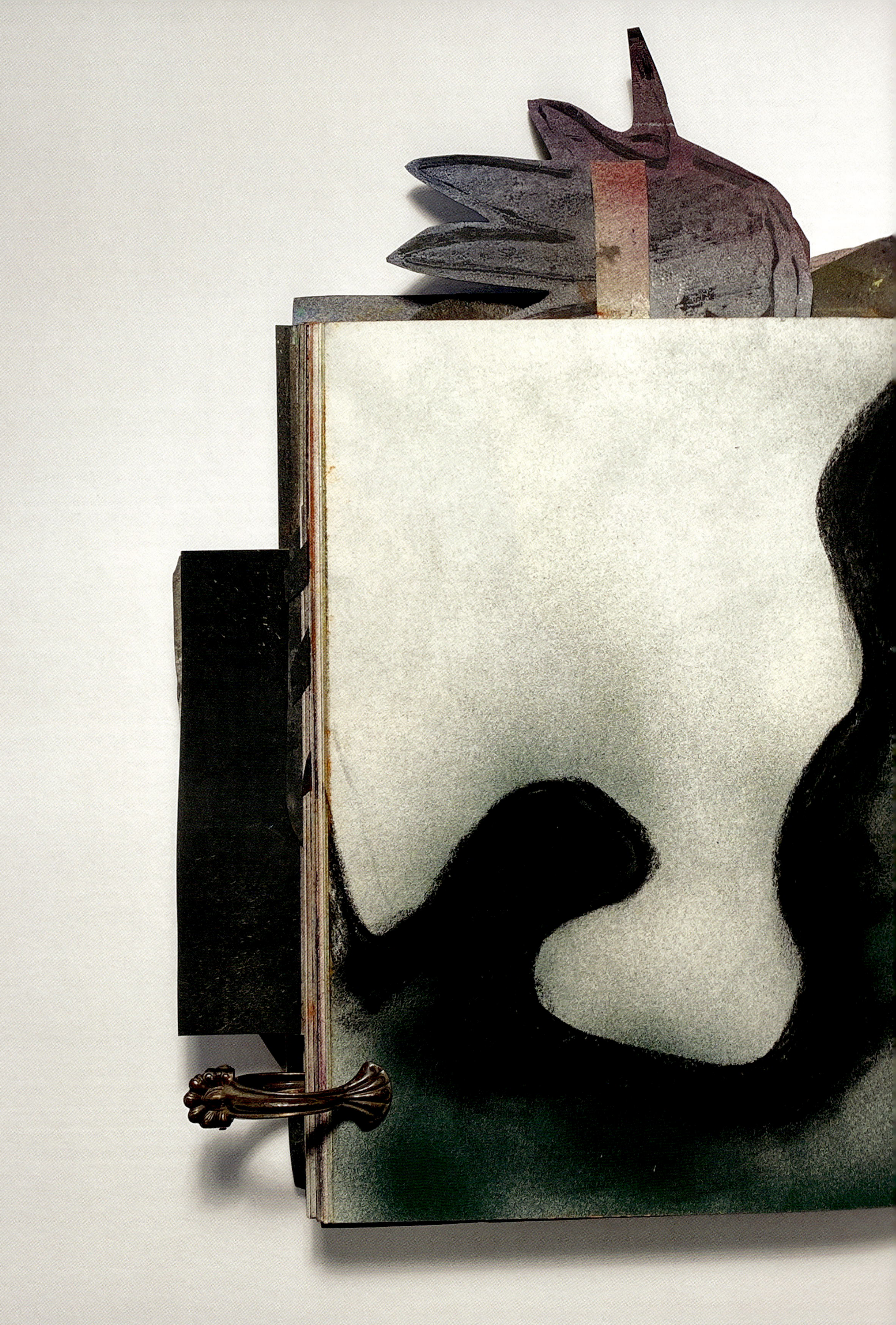

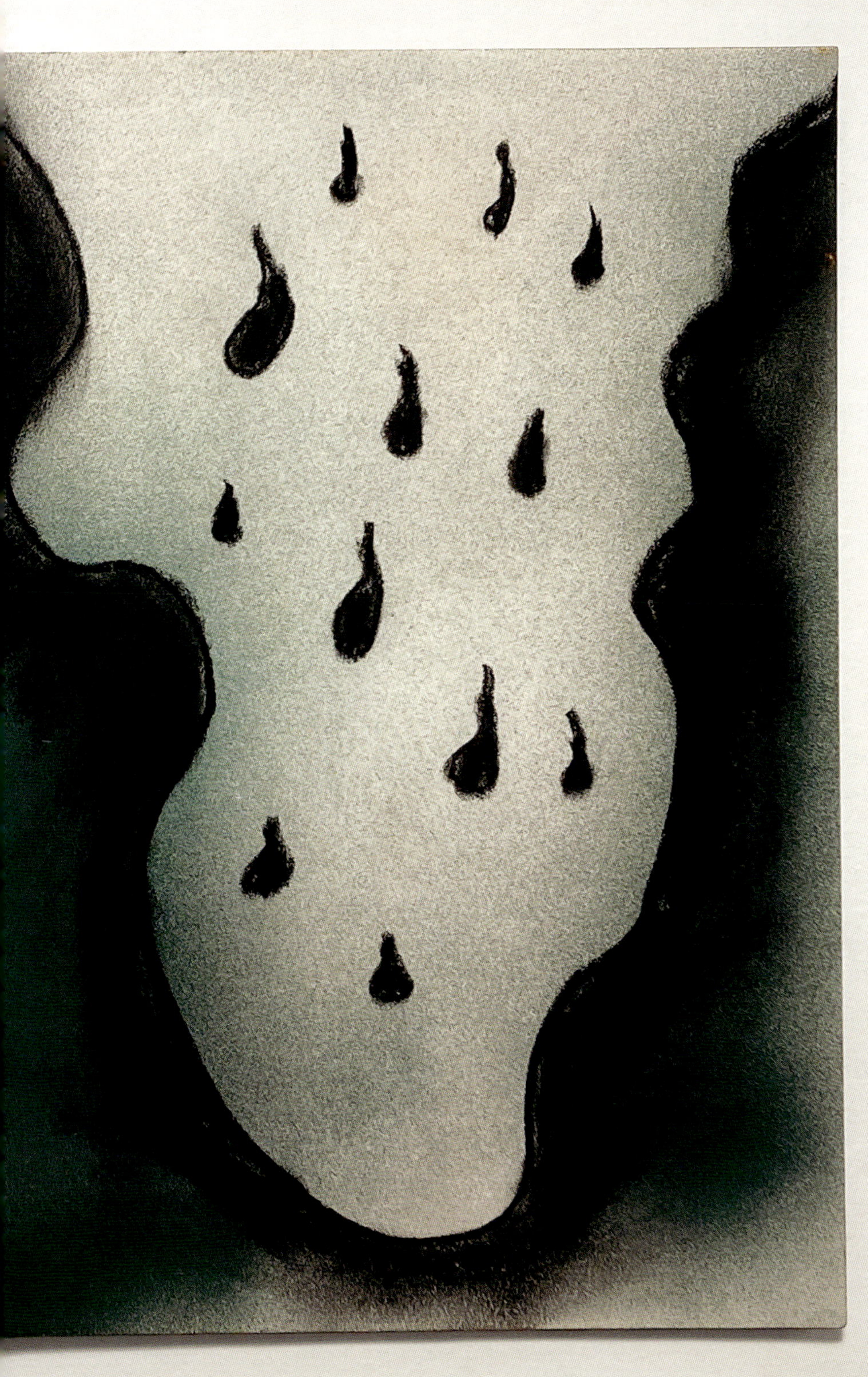

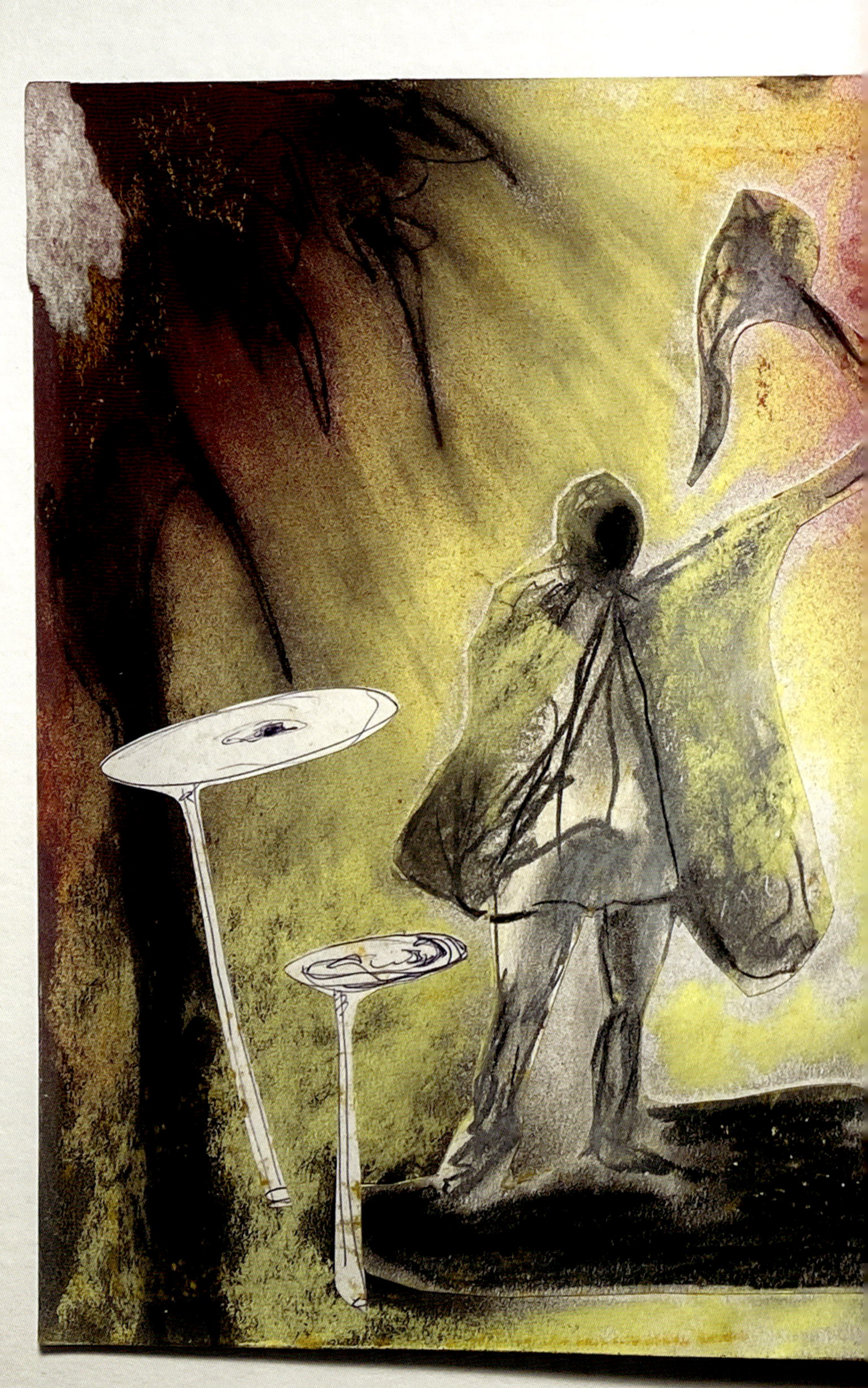

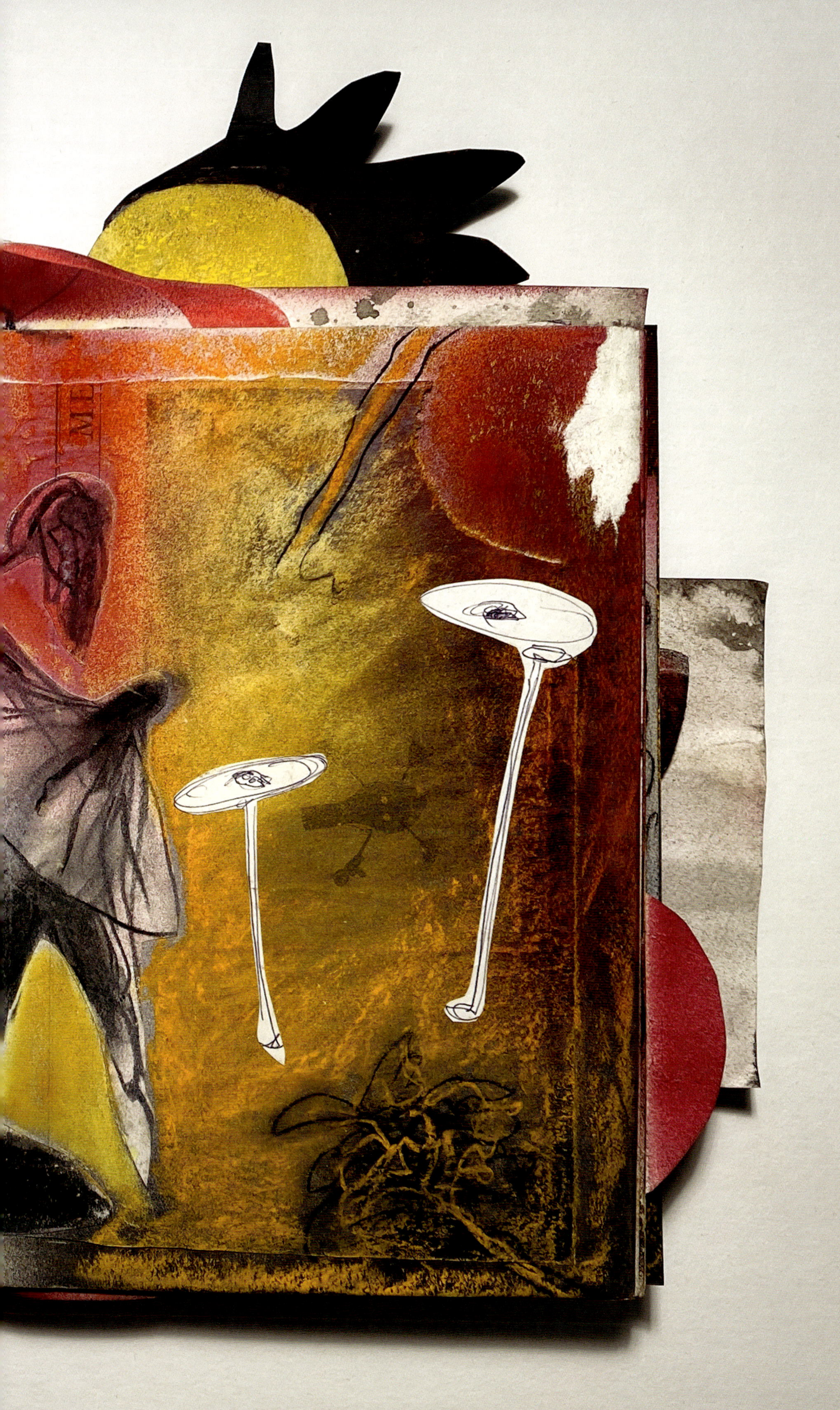

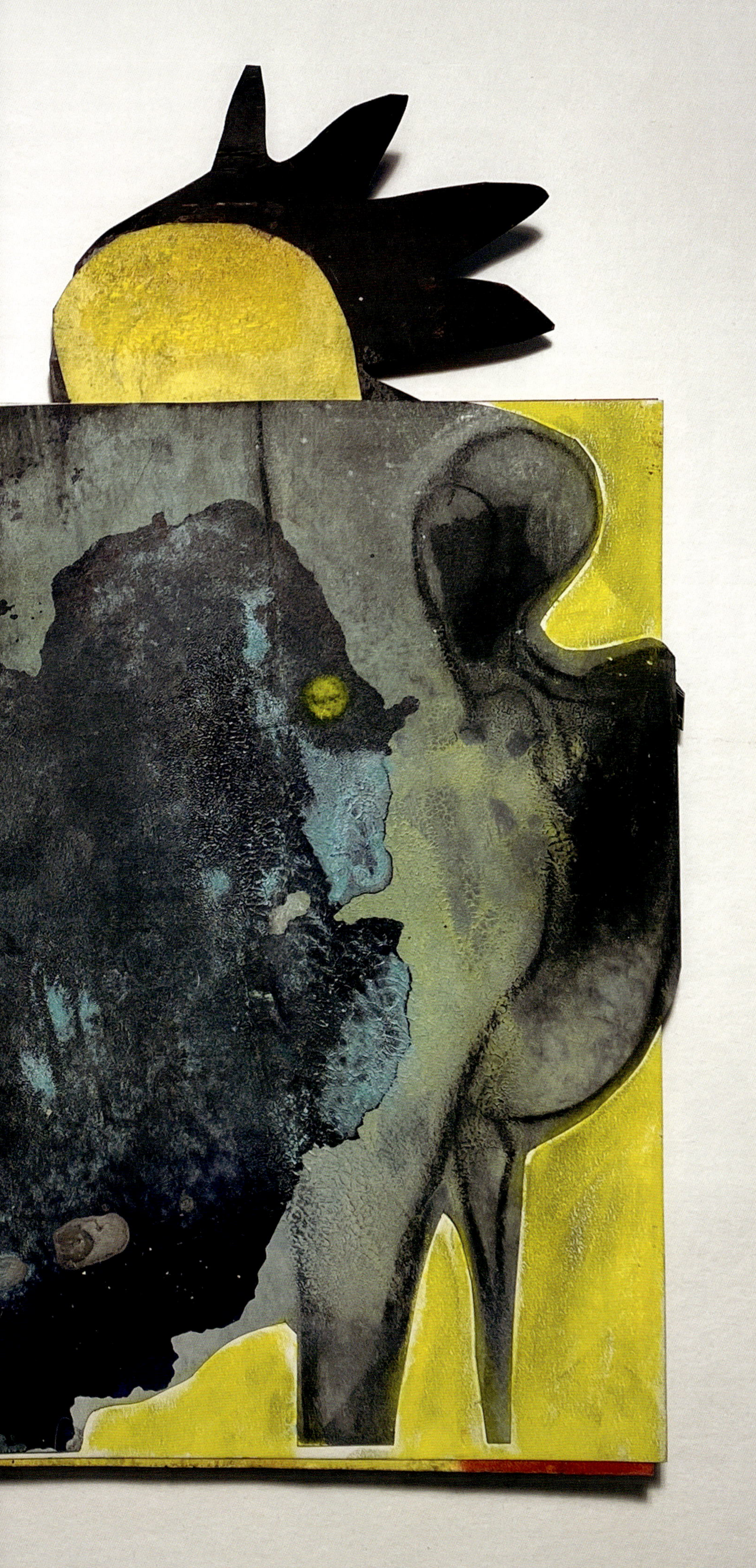

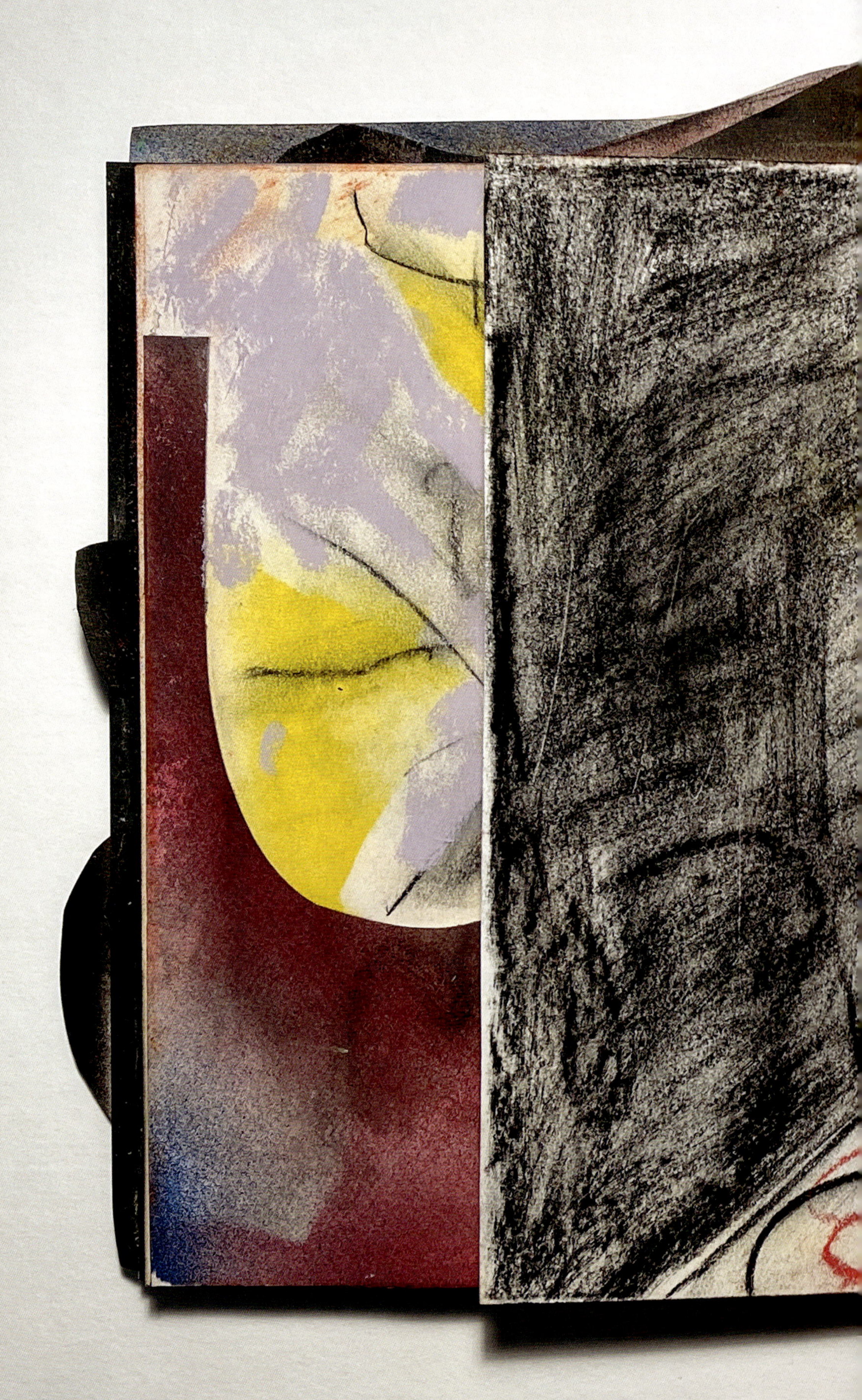

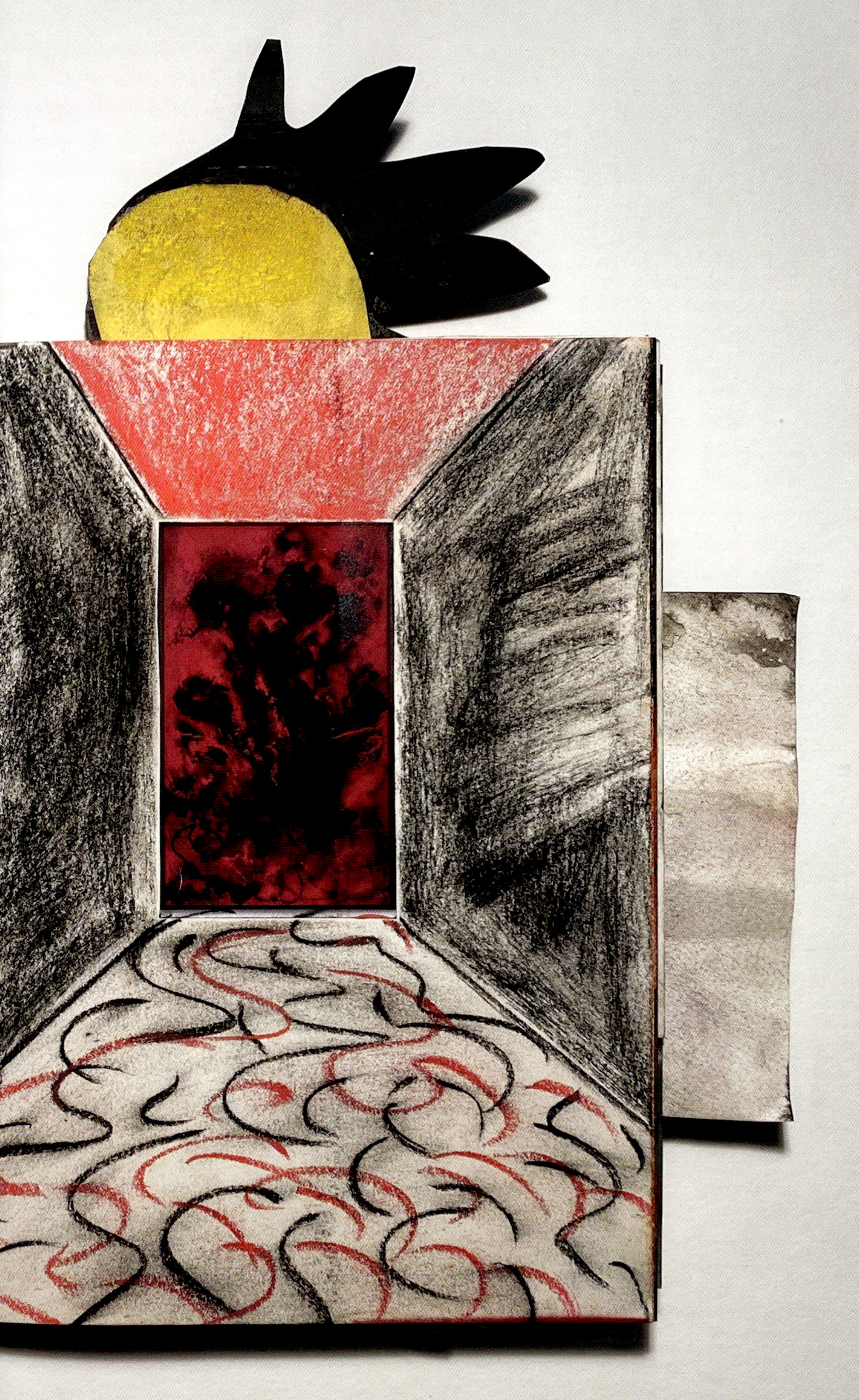

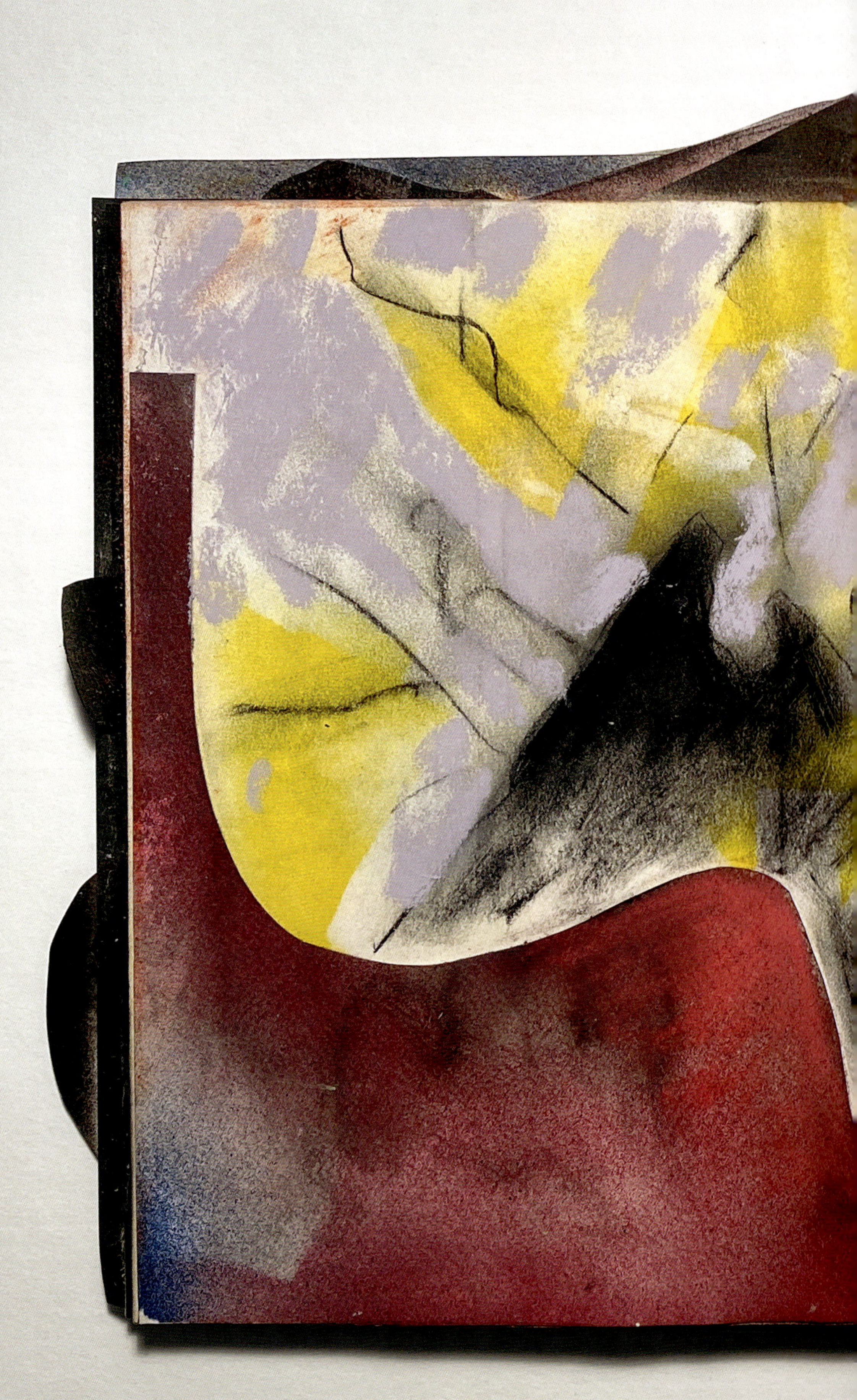

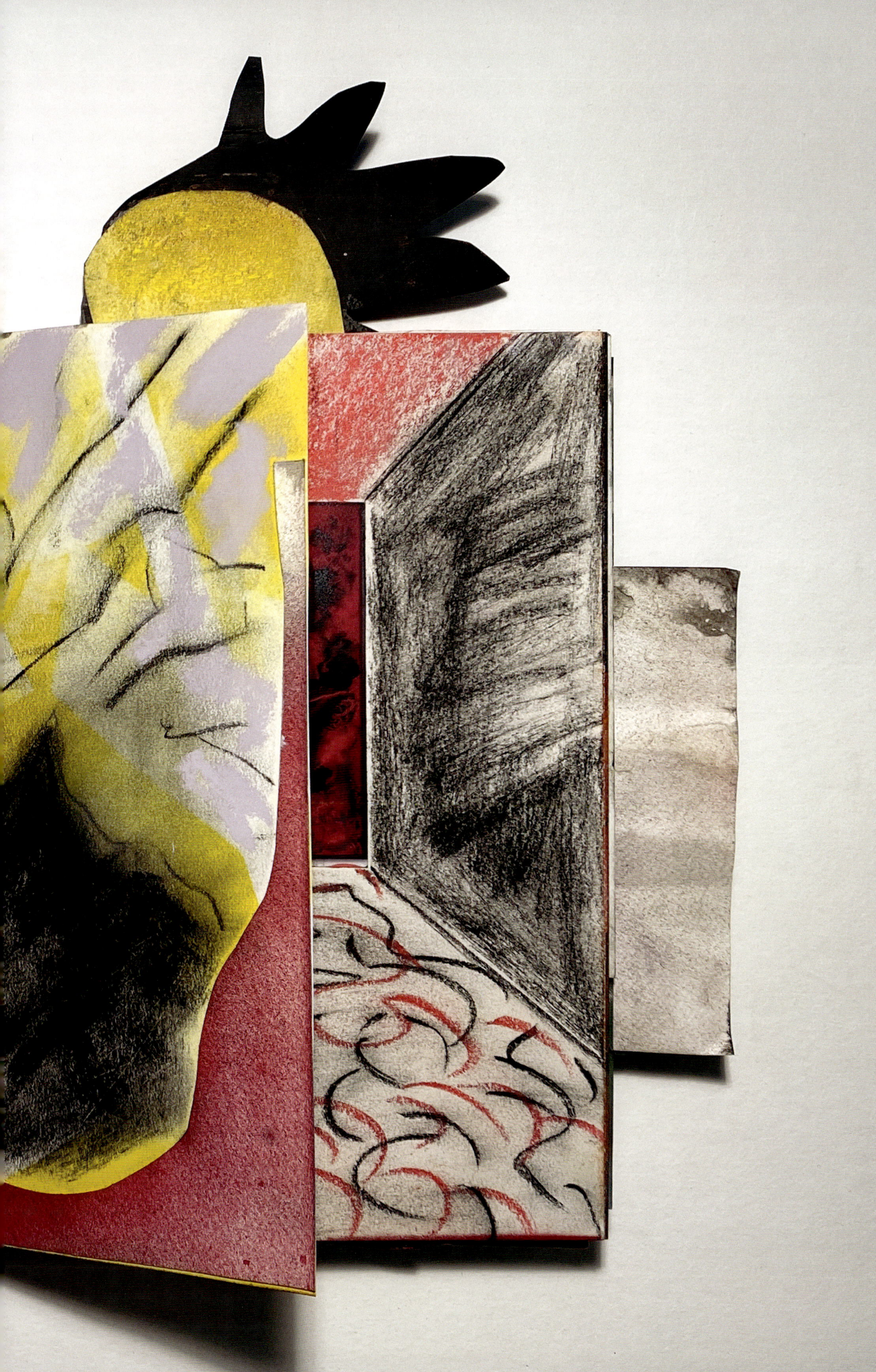

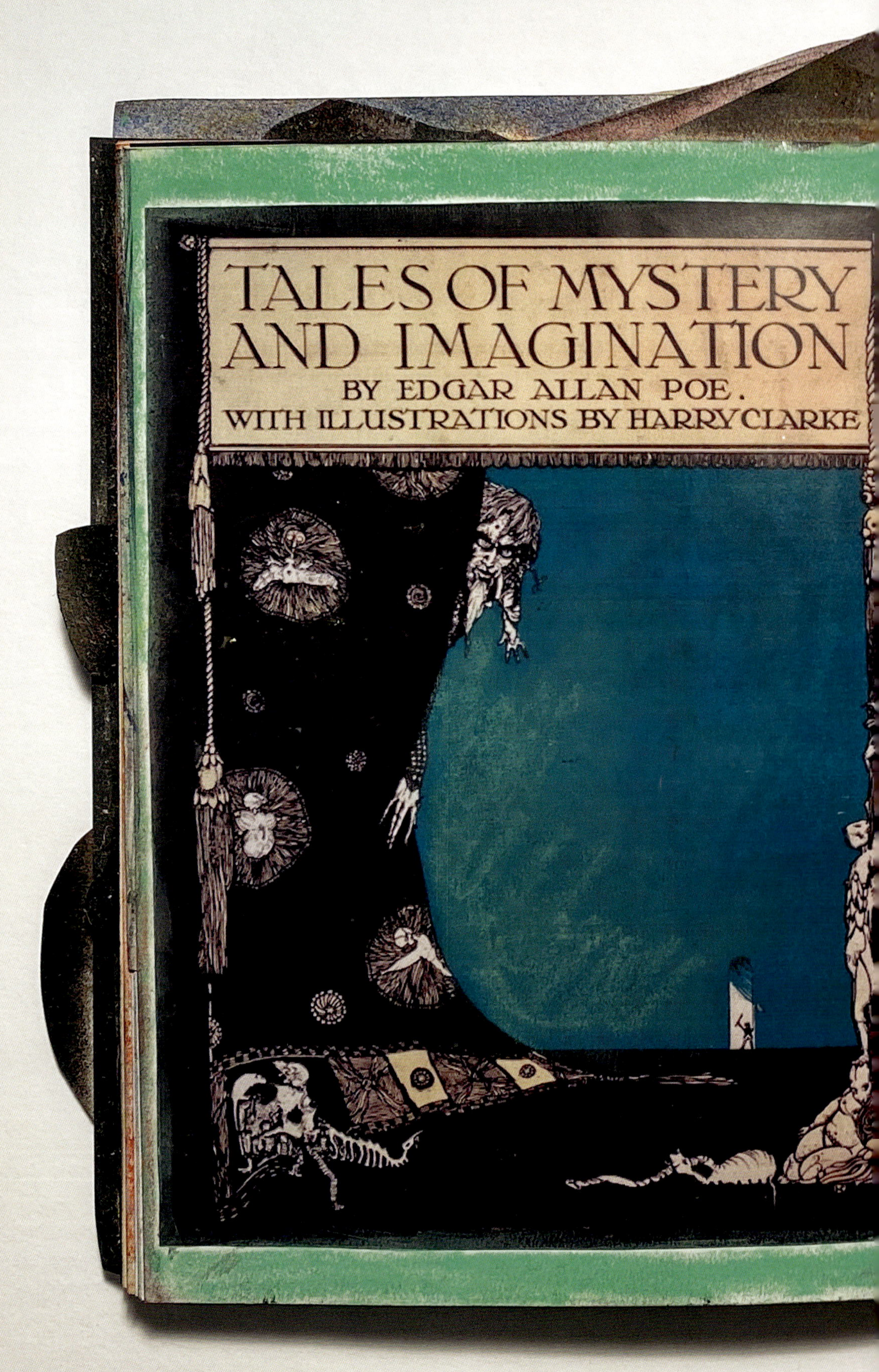
TALES OF MYSTERY
AND IMAGINATION
BY EDGAR ALLAN POE.
WITH ILLUSTRATIONS BY HARRY CLARKE

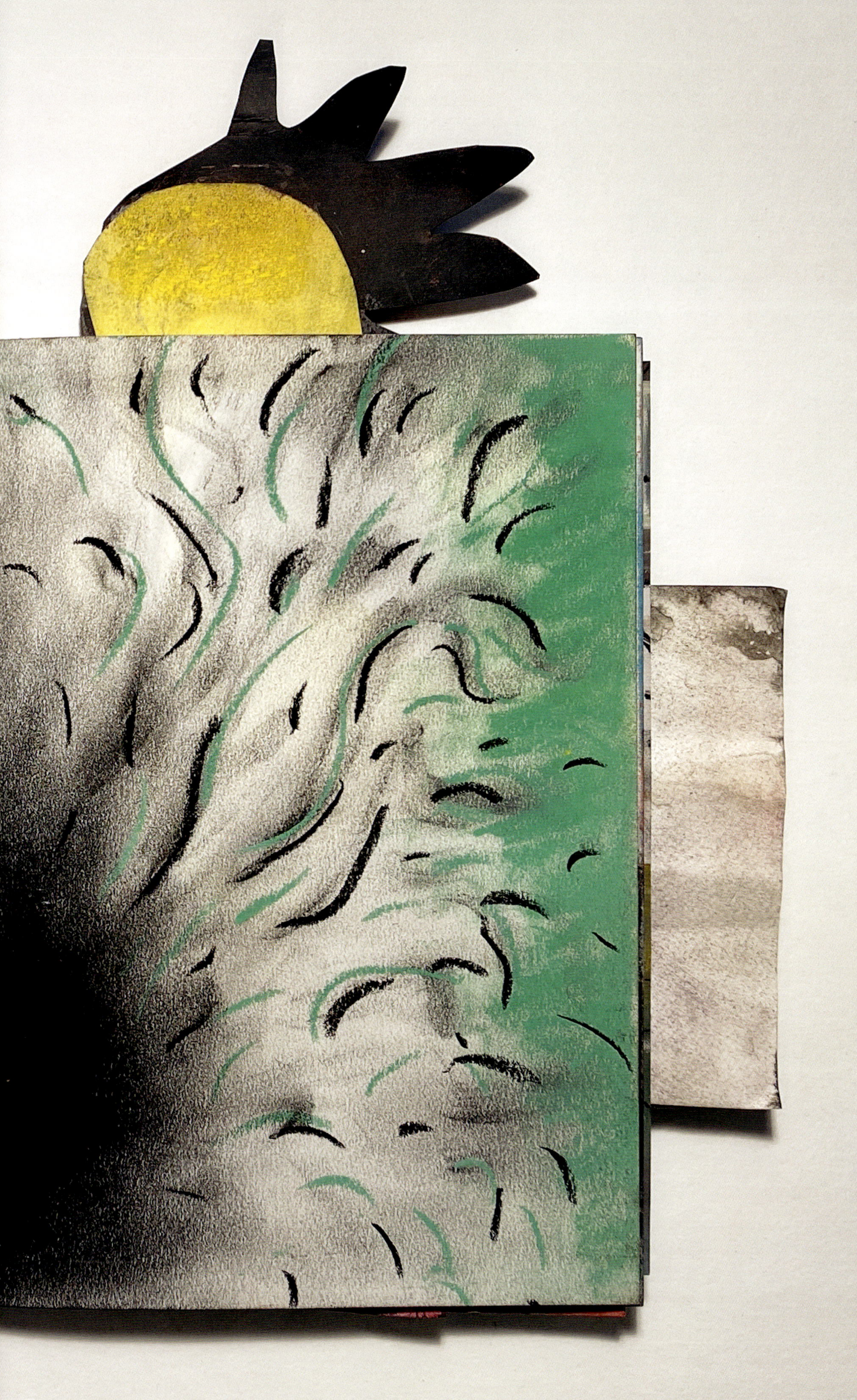

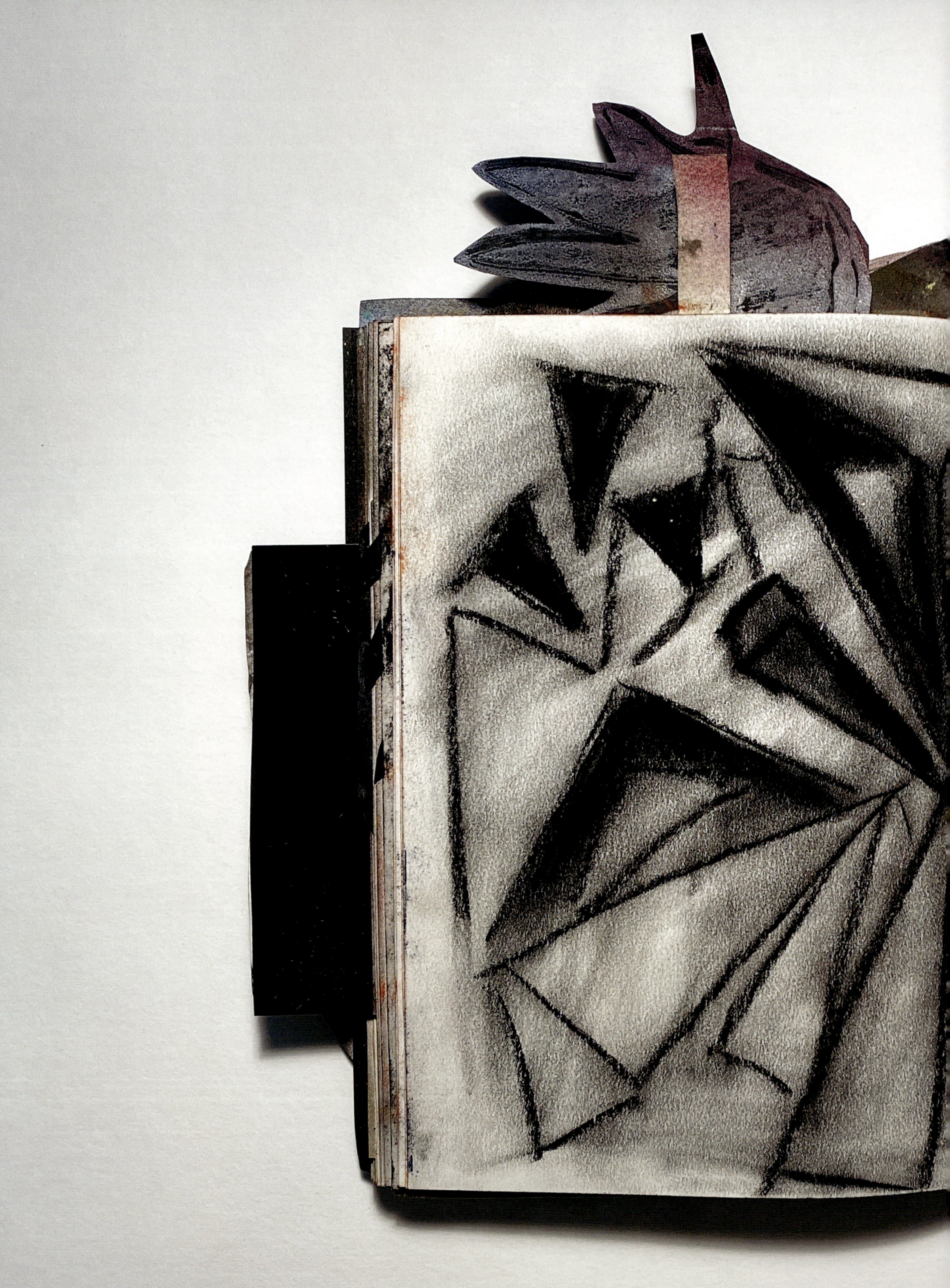

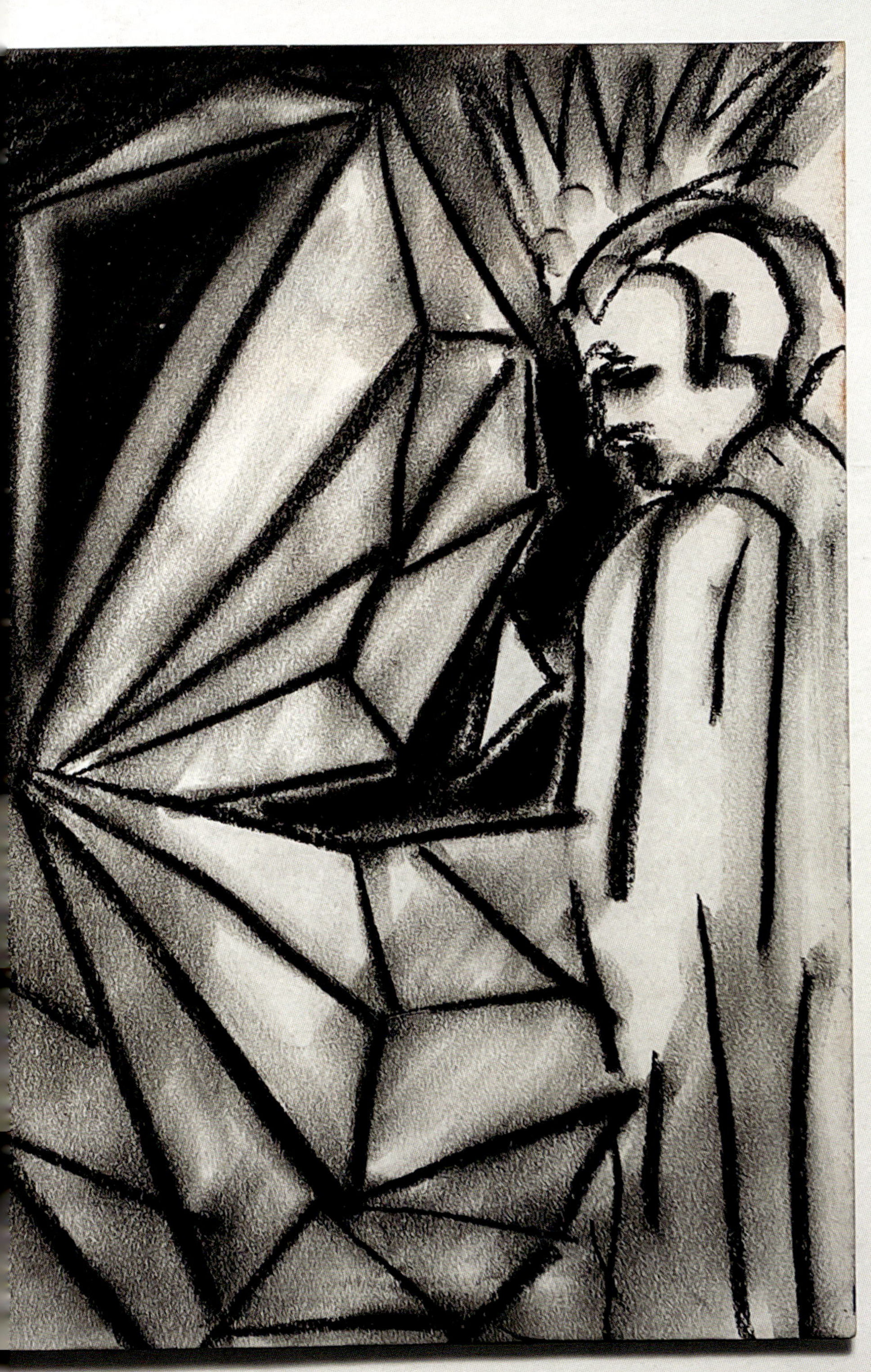

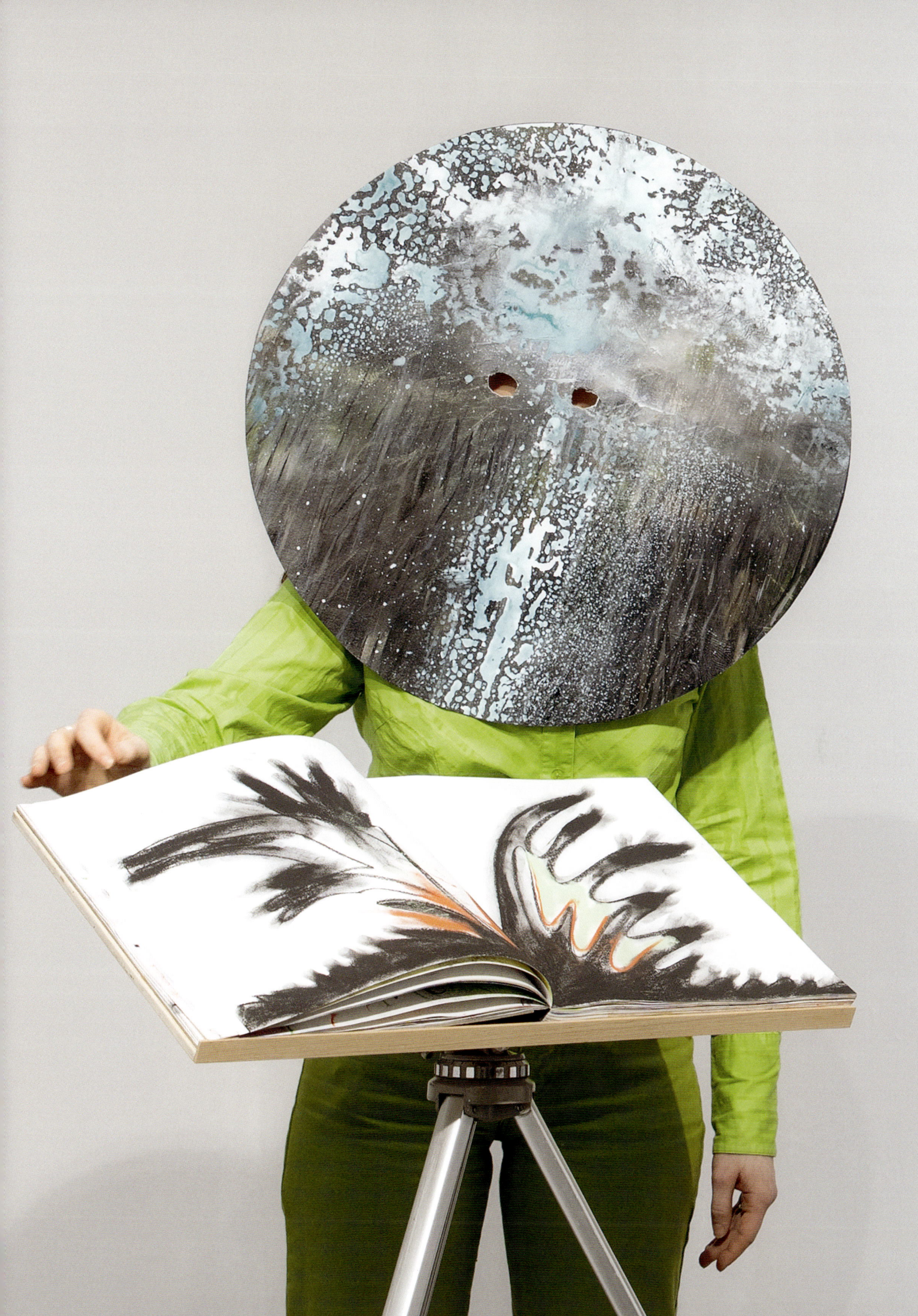

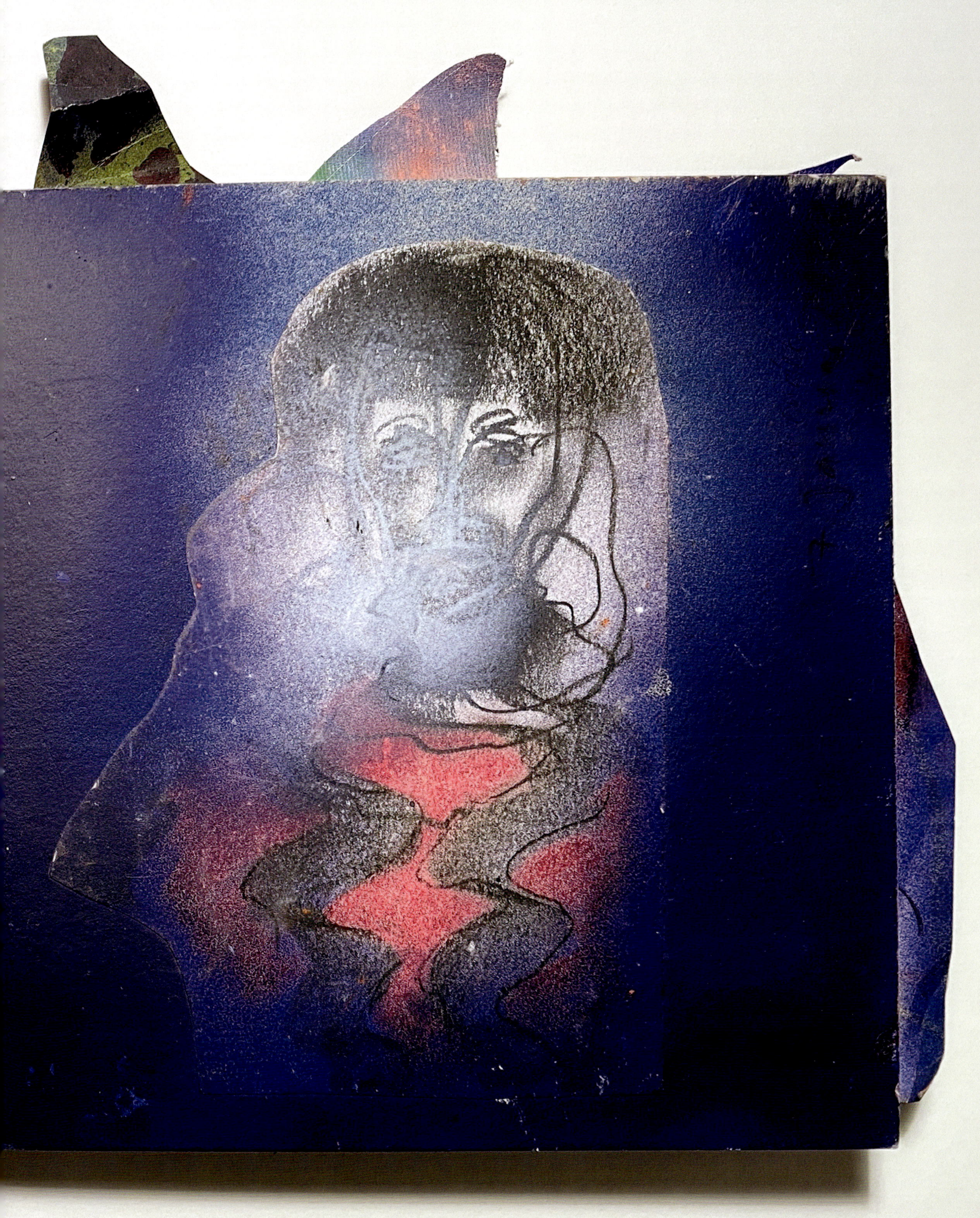

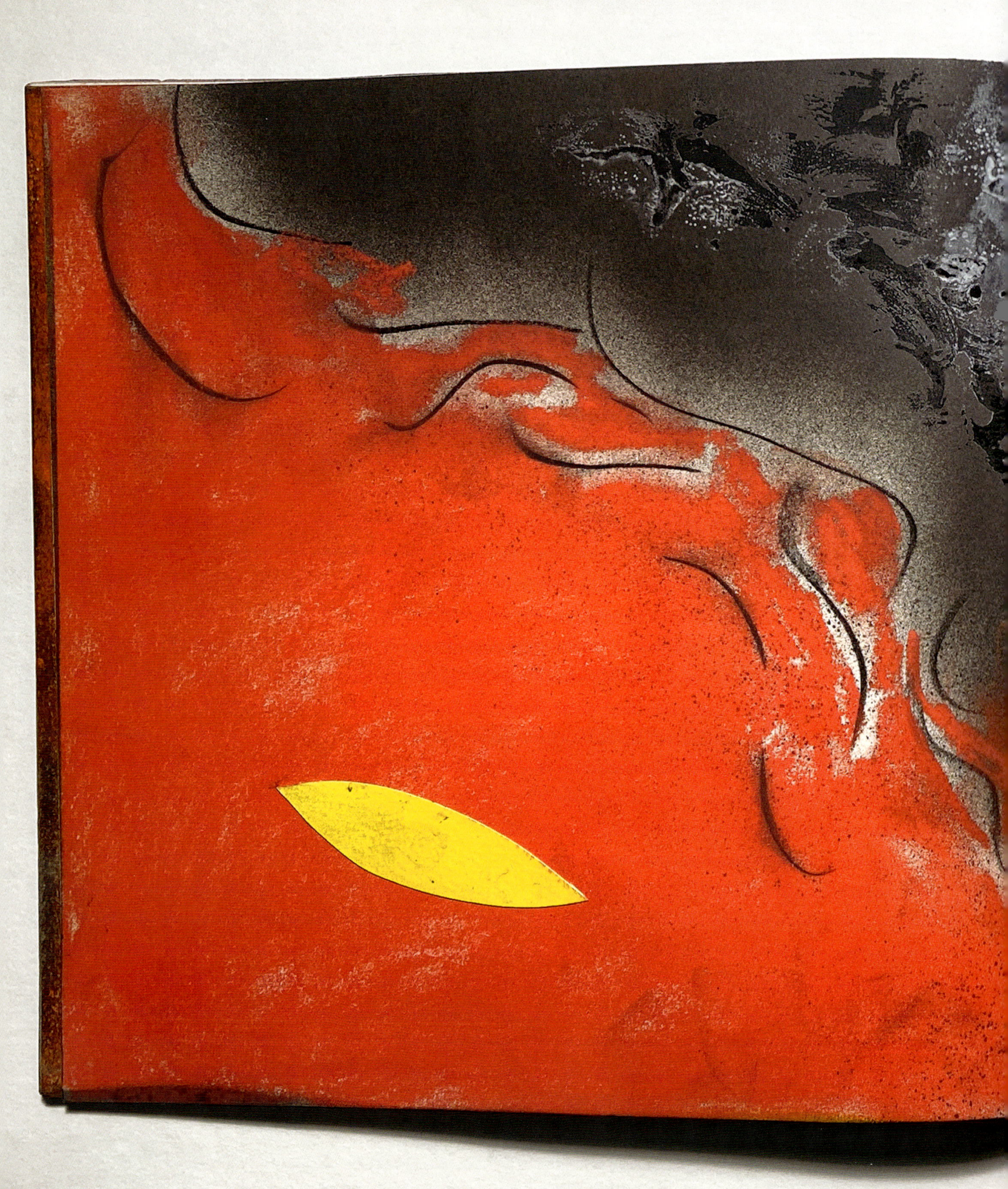

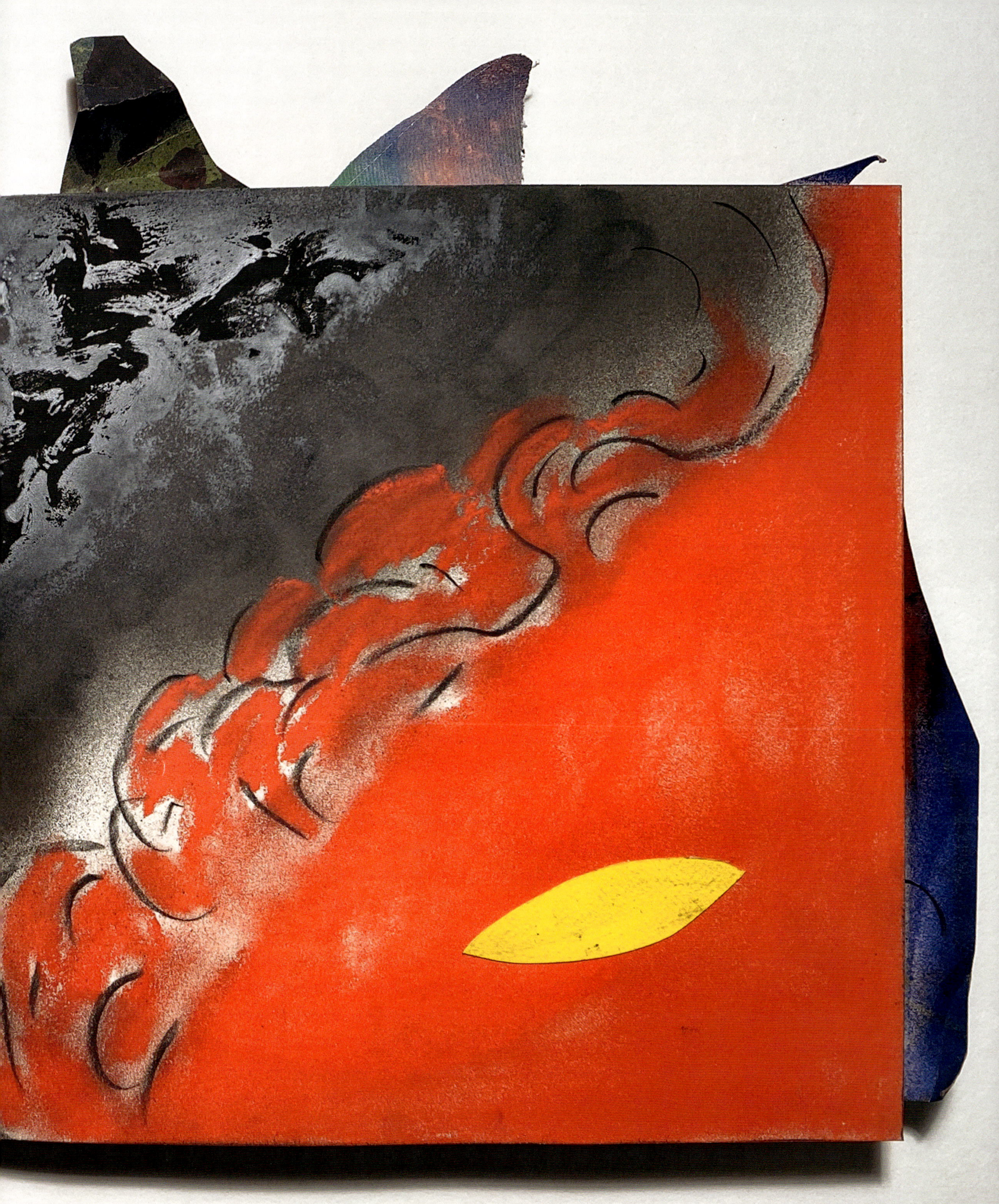

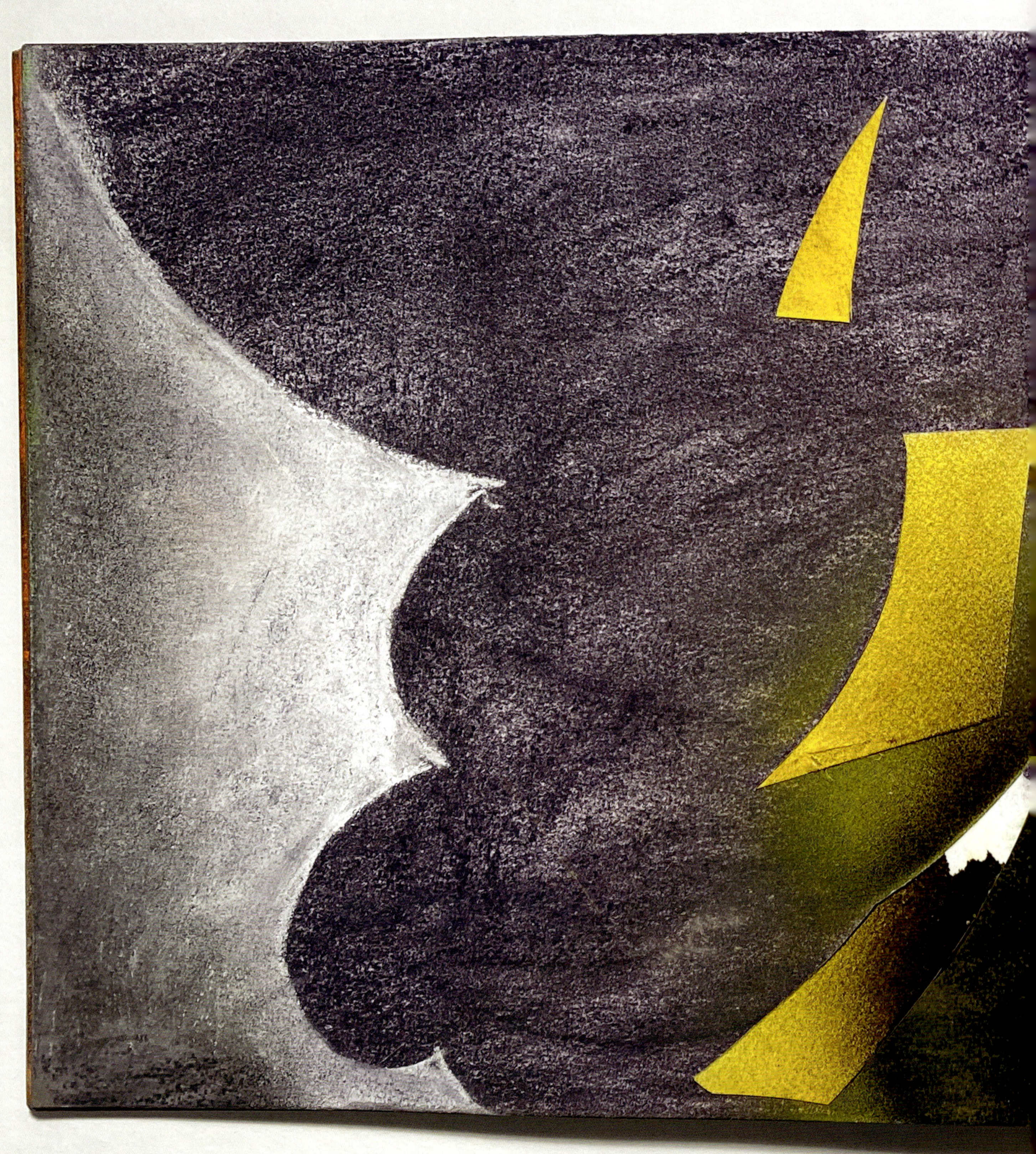

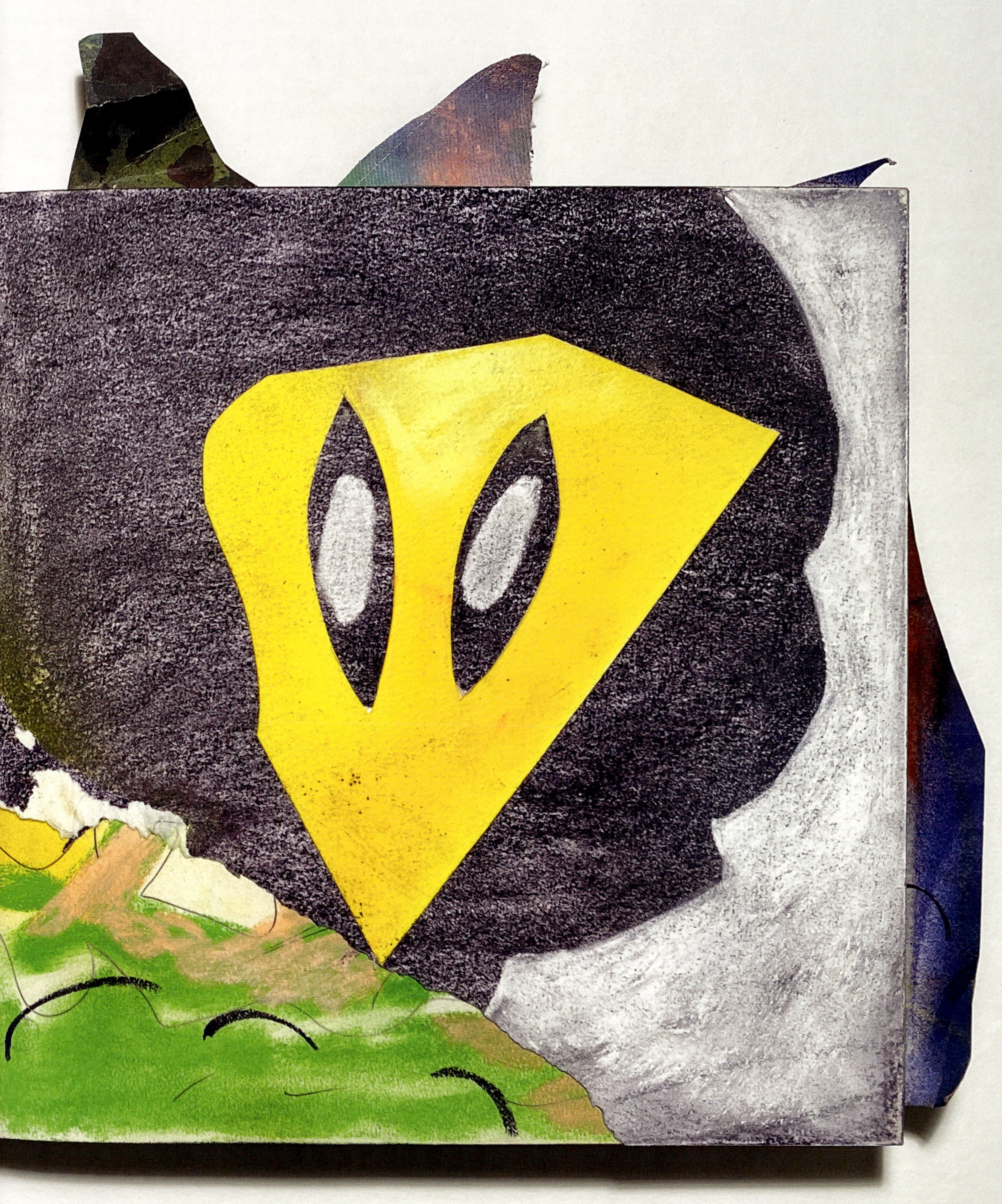

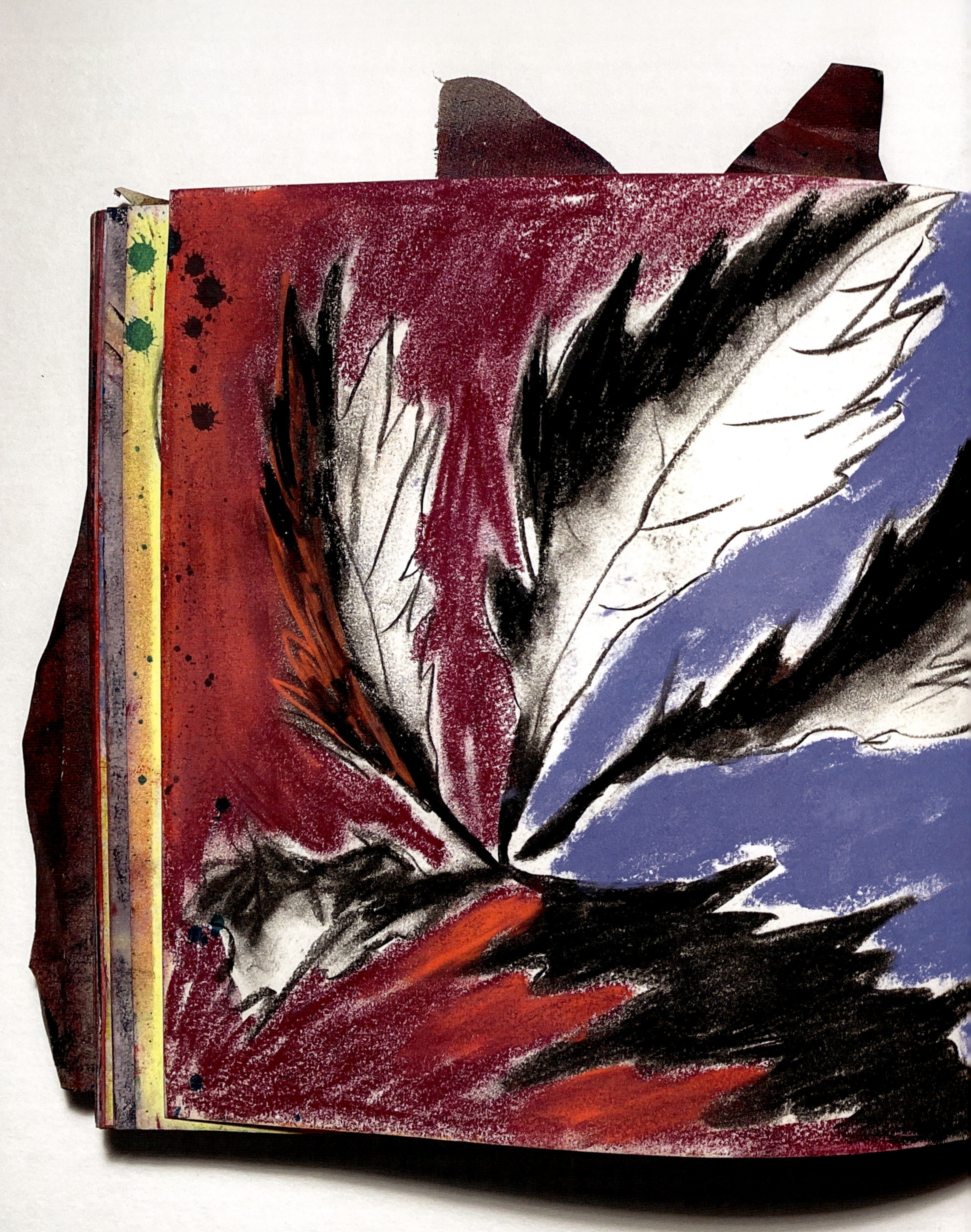

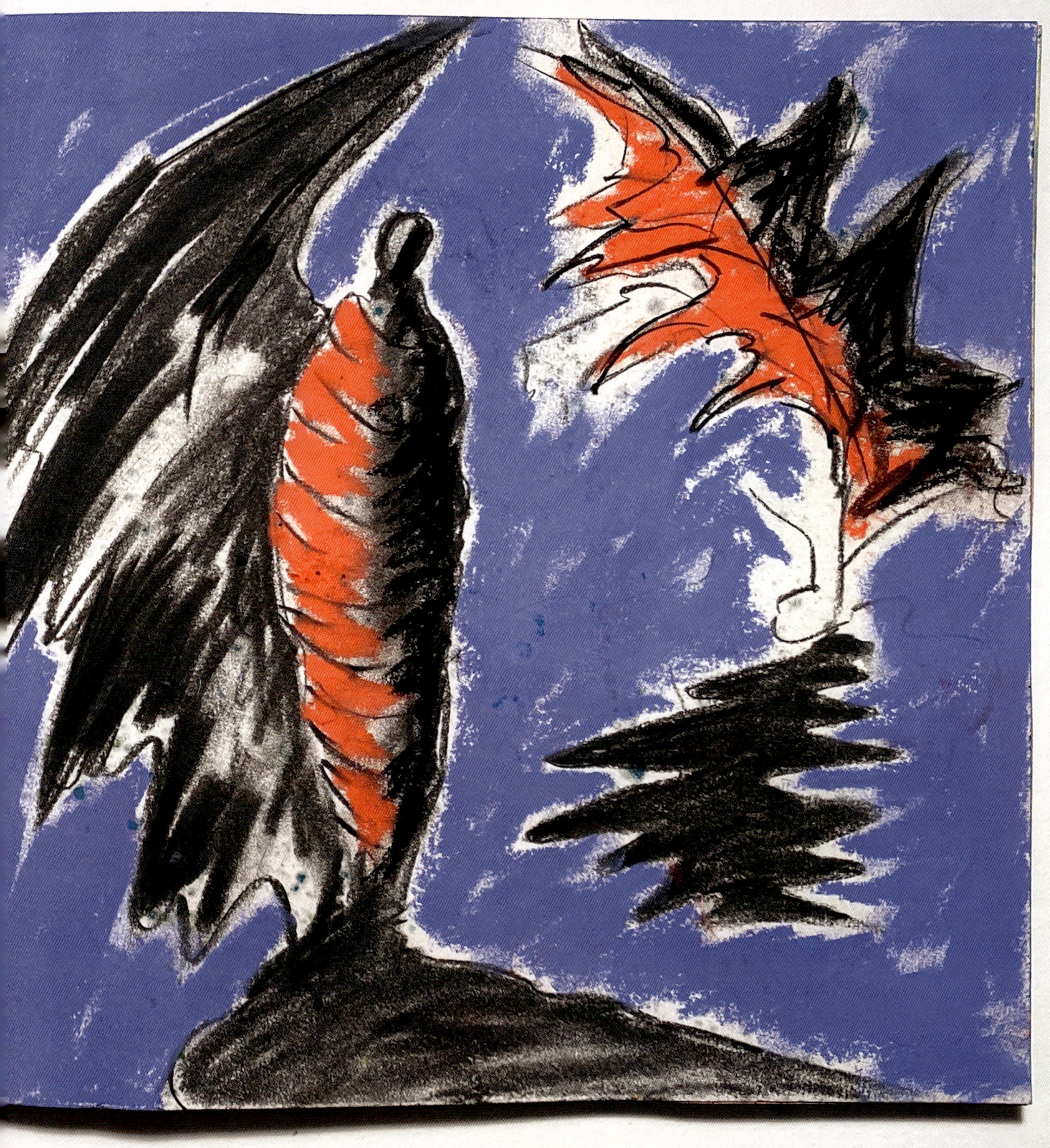

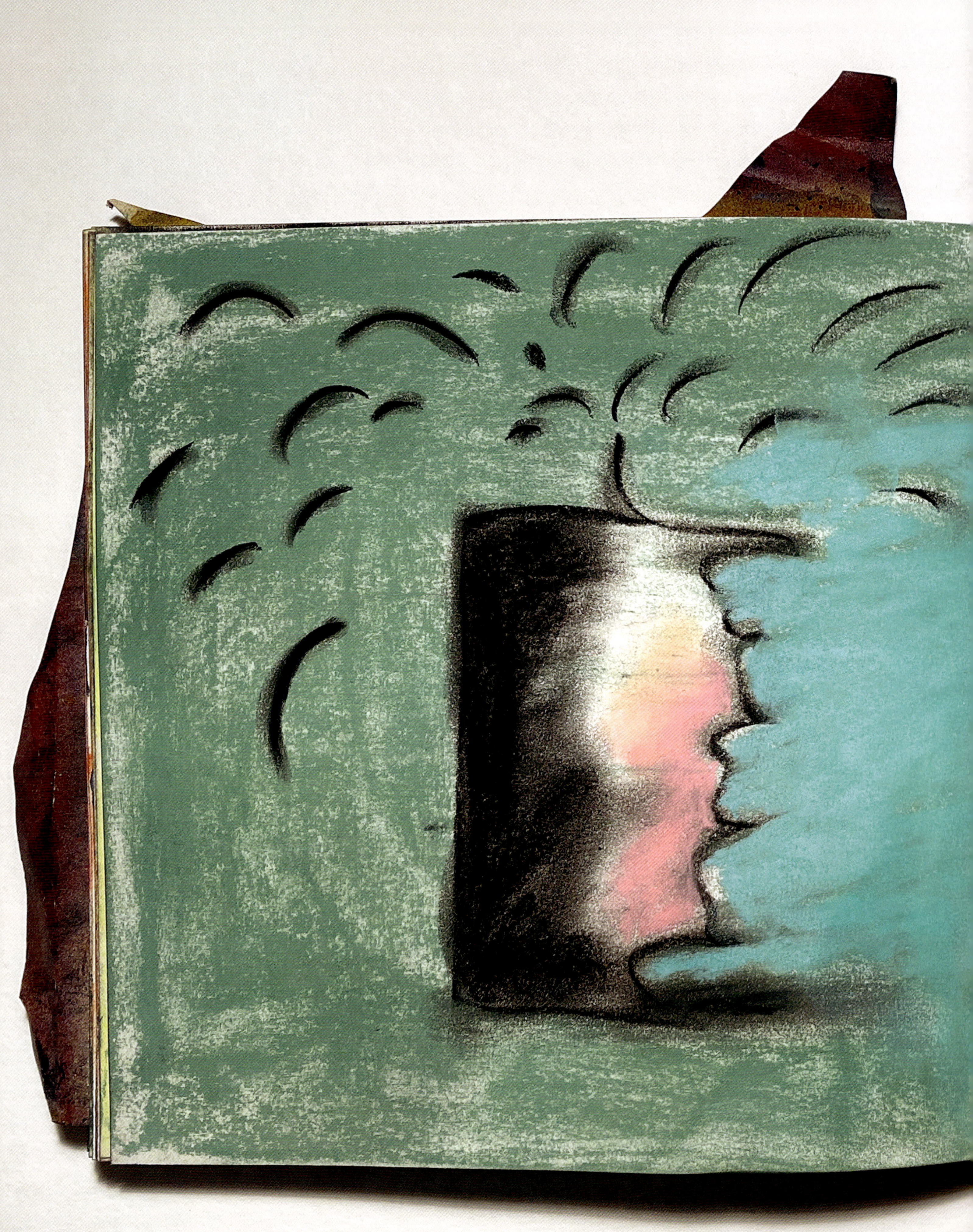

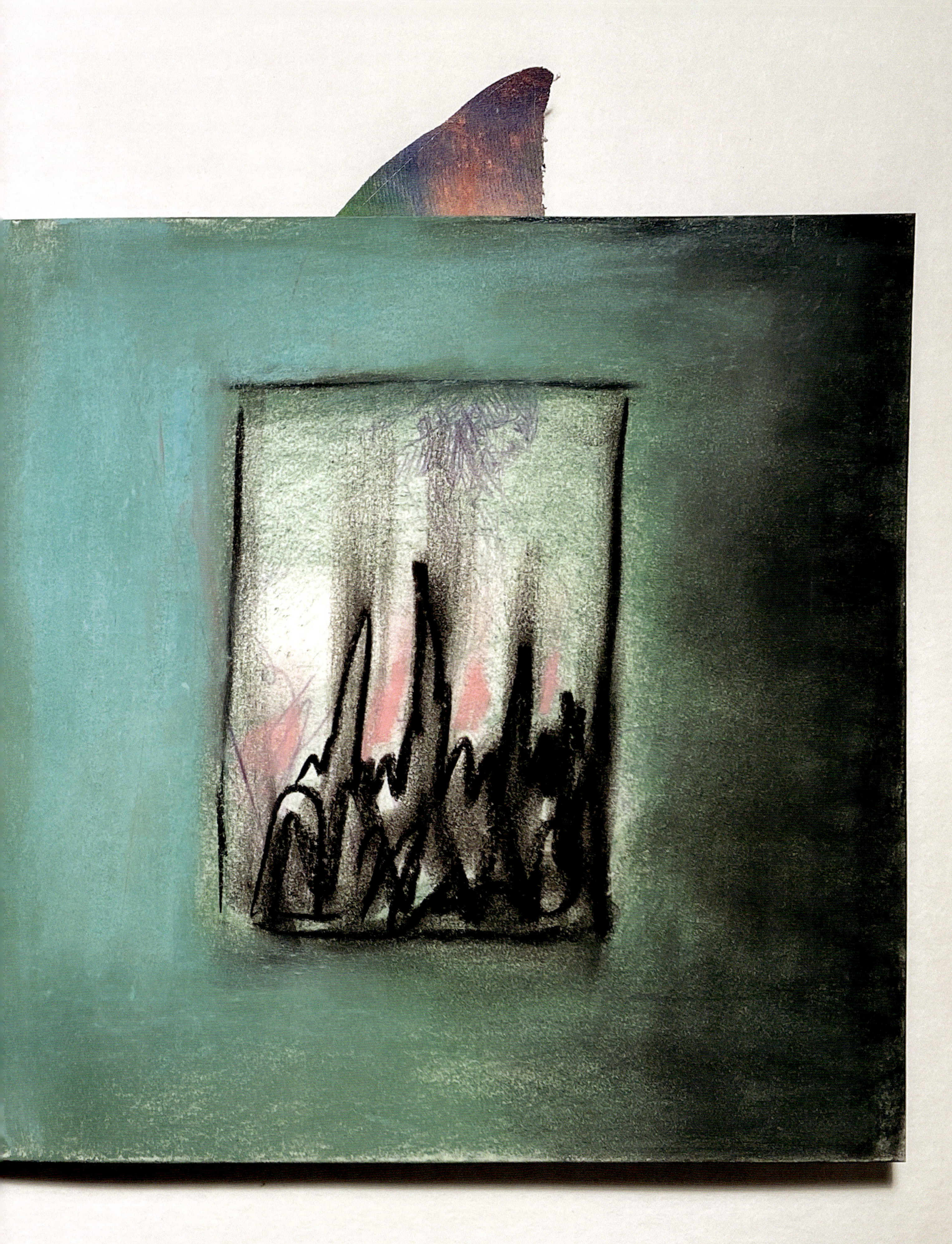

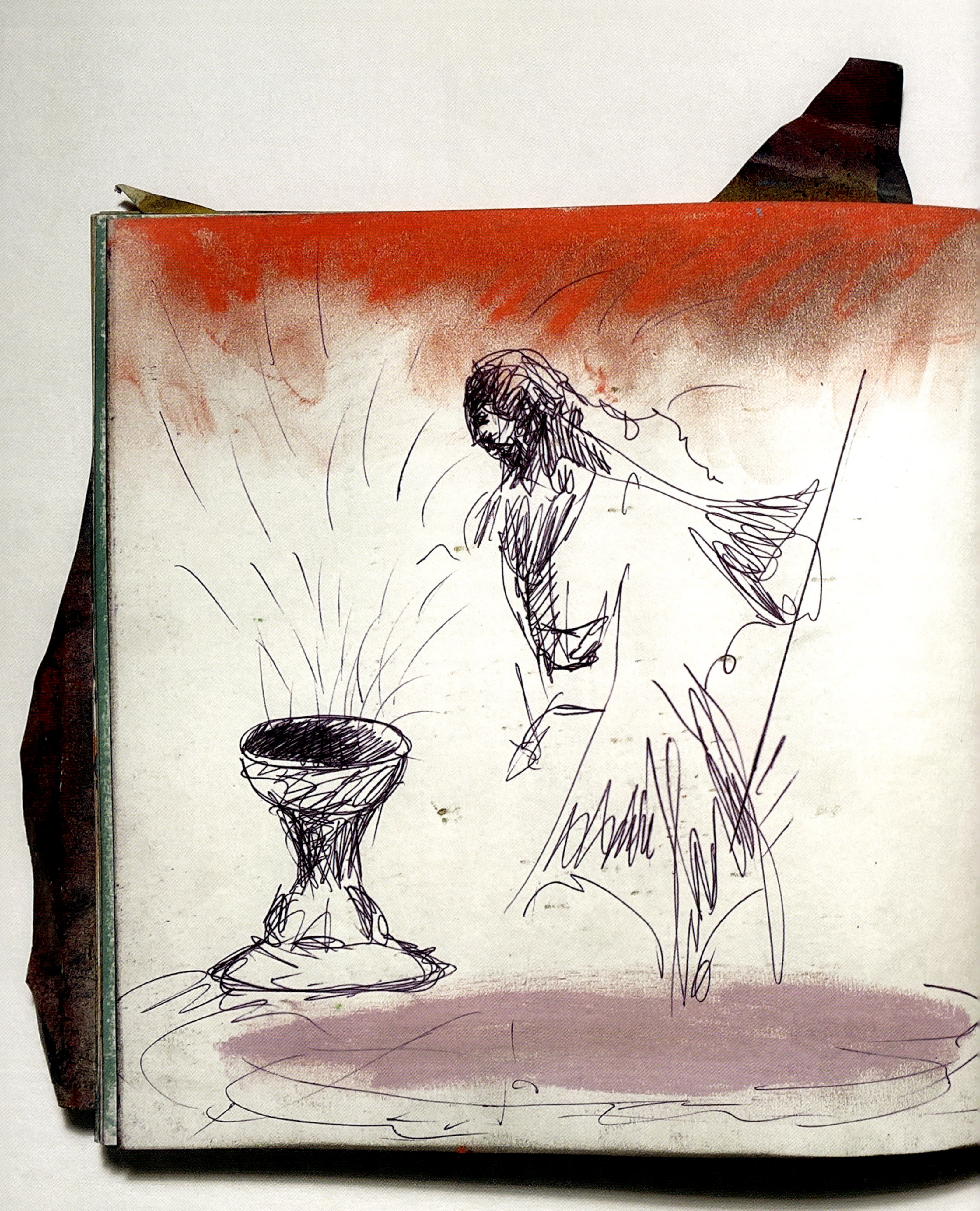

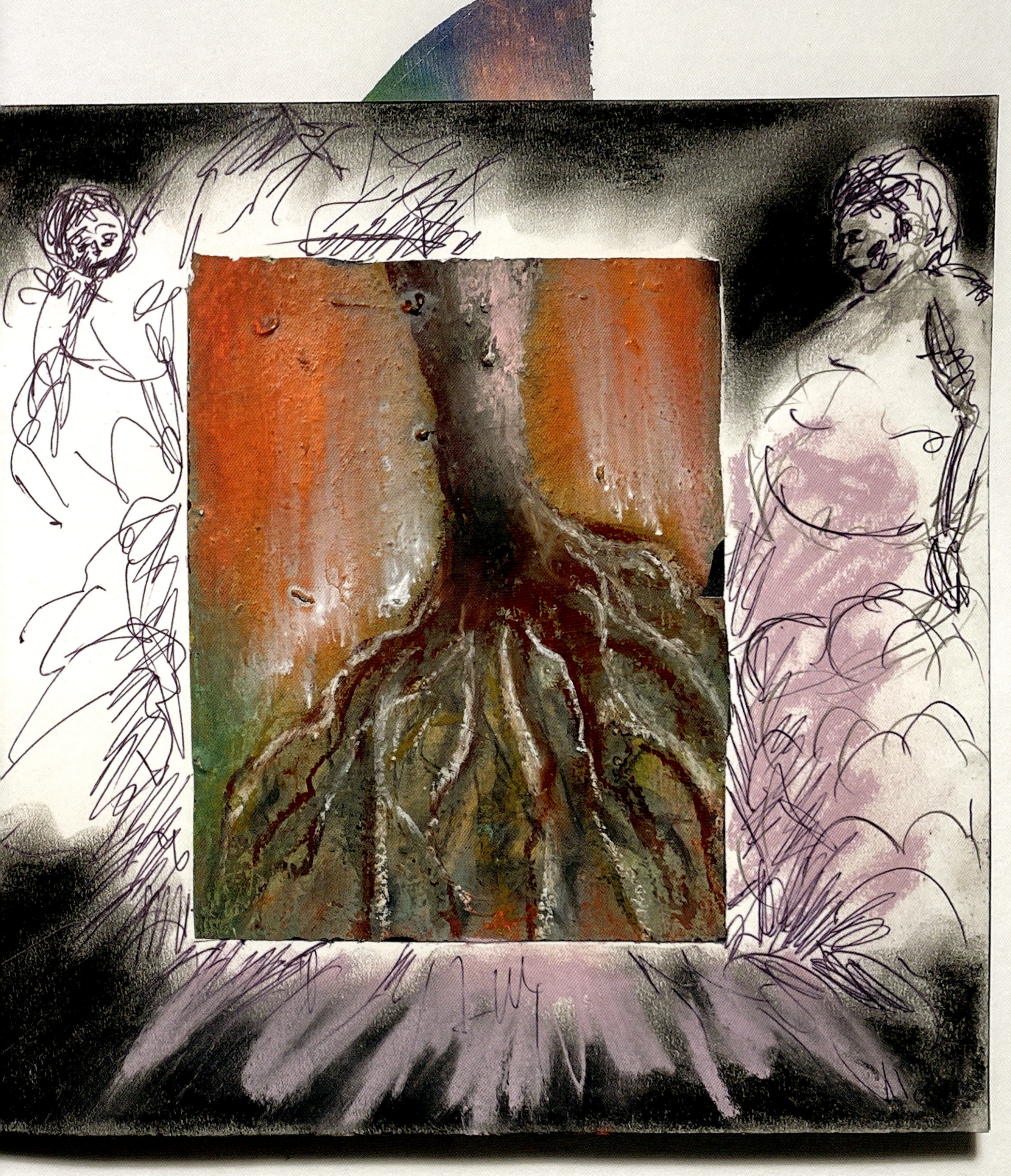

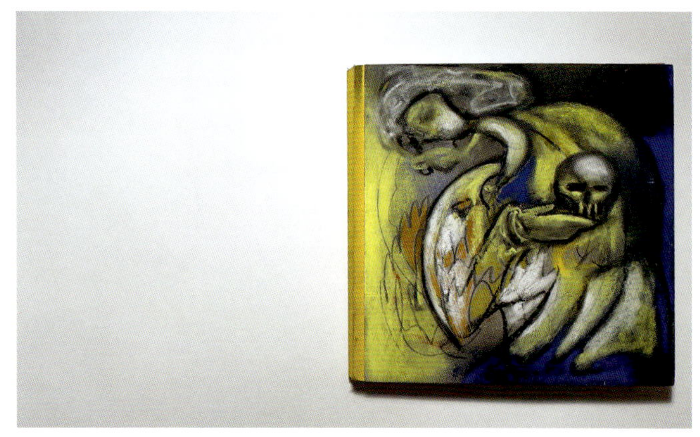

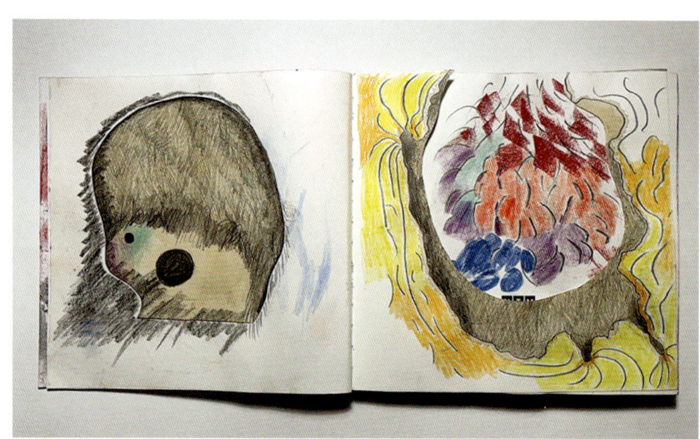

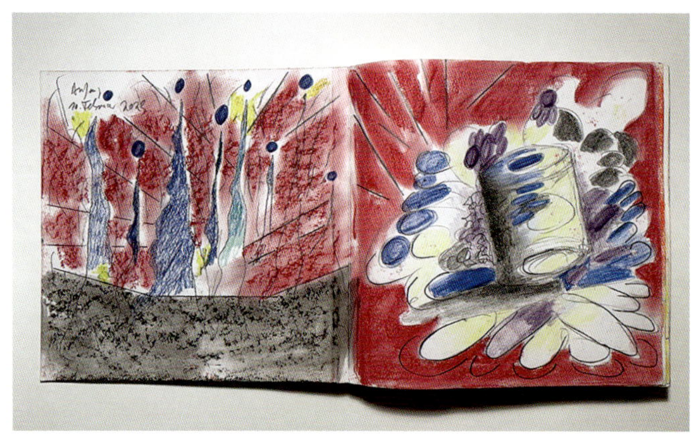

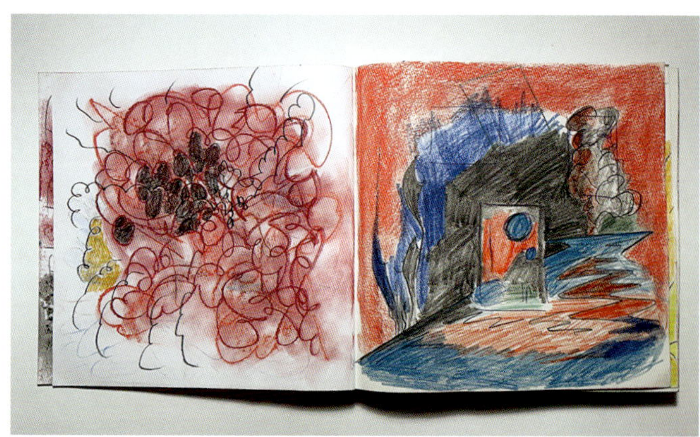

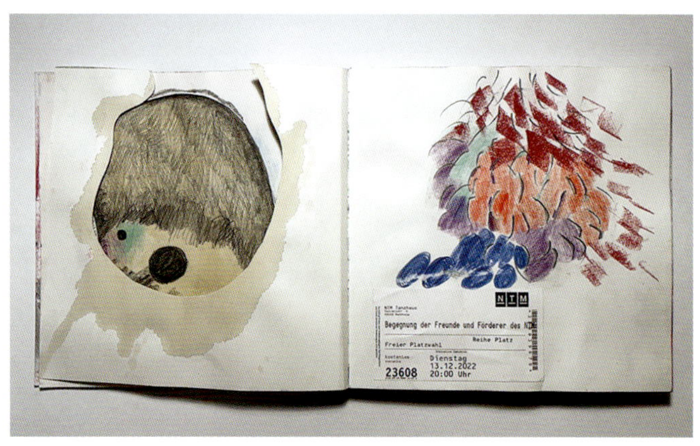

NTM
Begegnung der Freunde und Förderer des NTM
Reihe Platz
Freier Platzwahl
Dienstag
13.12.2022
23608
20:00 Uhr

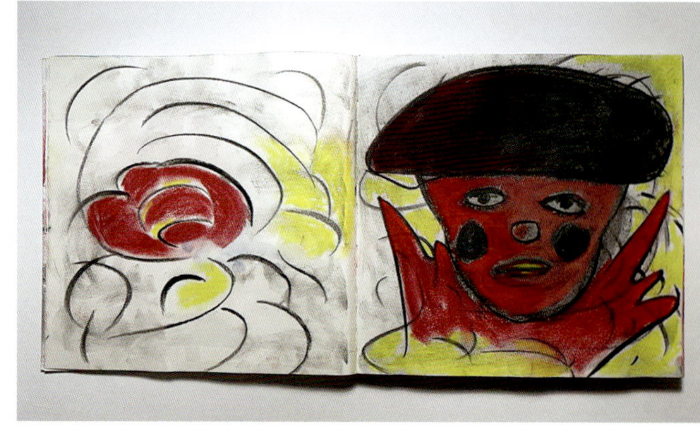

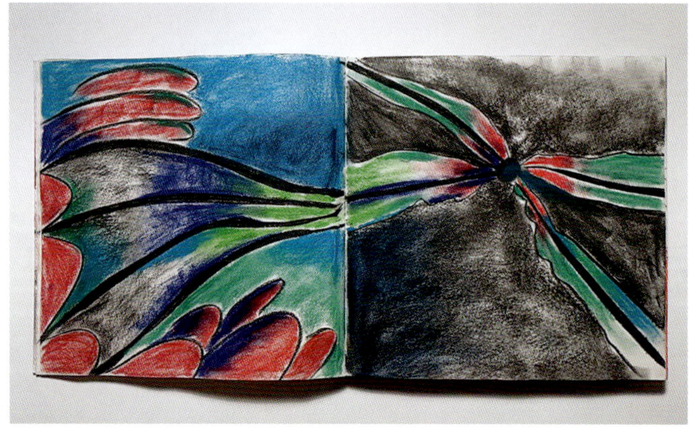

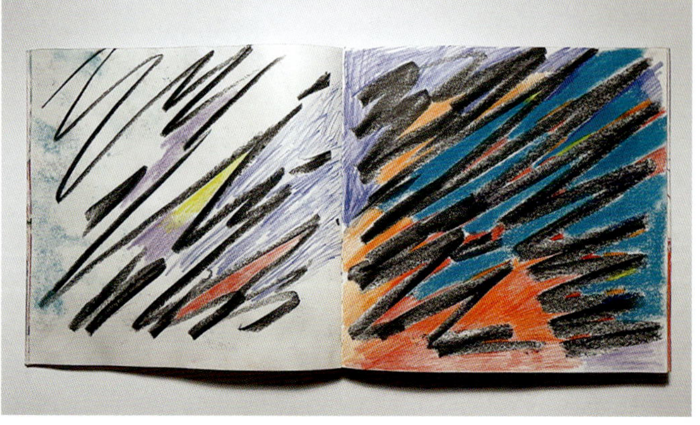

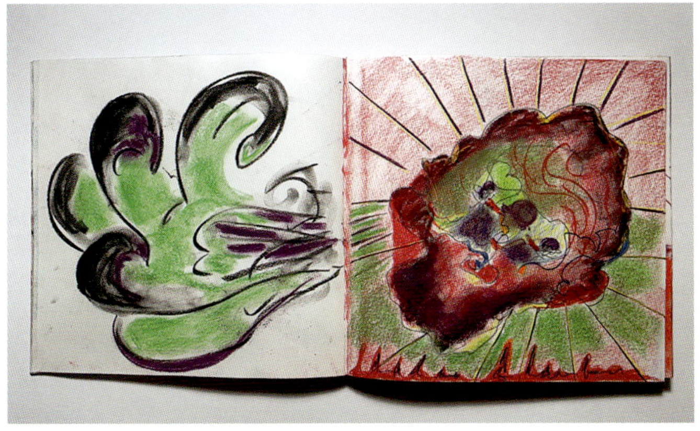
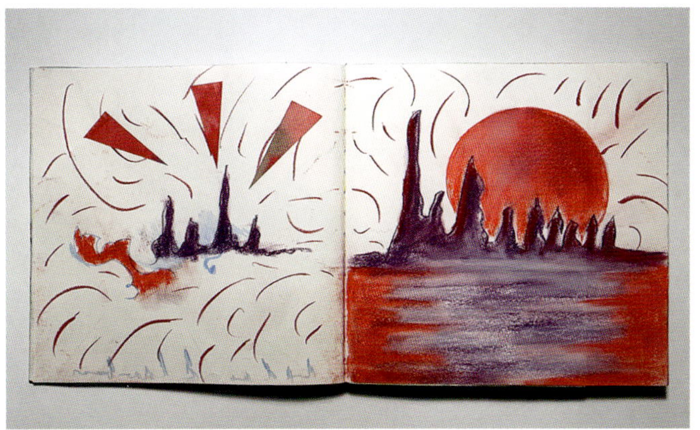
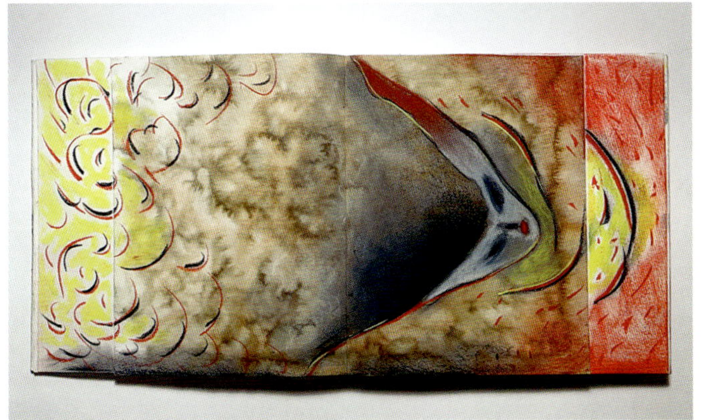
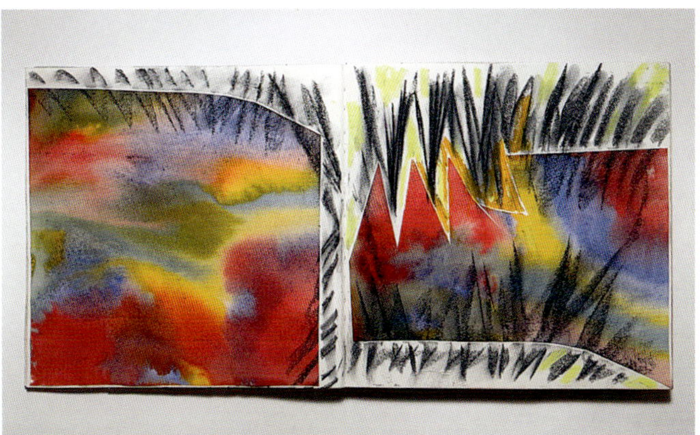
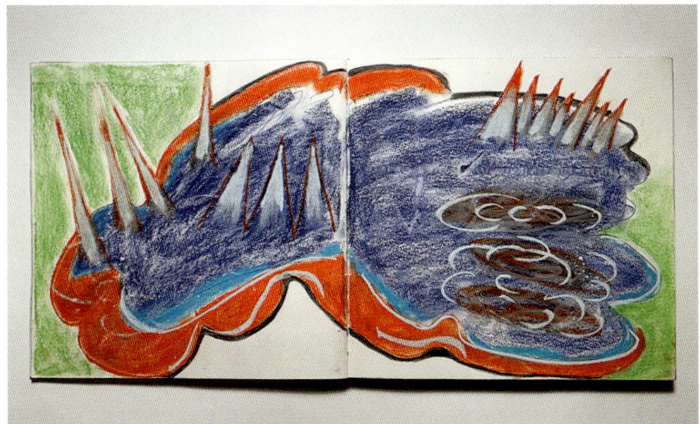
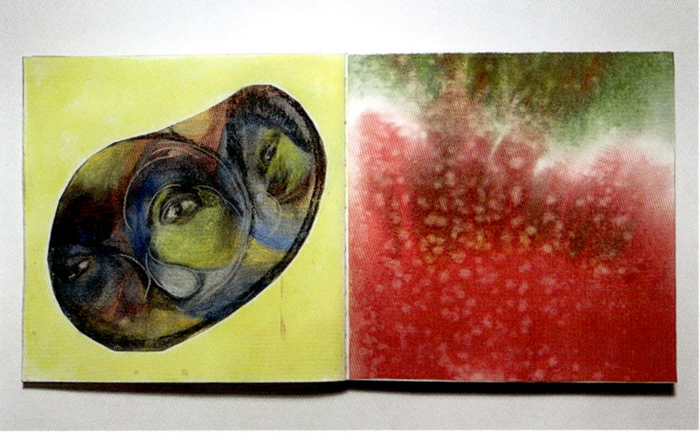
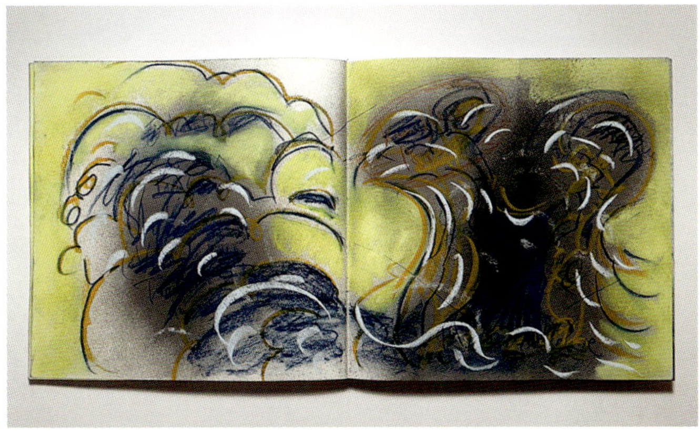
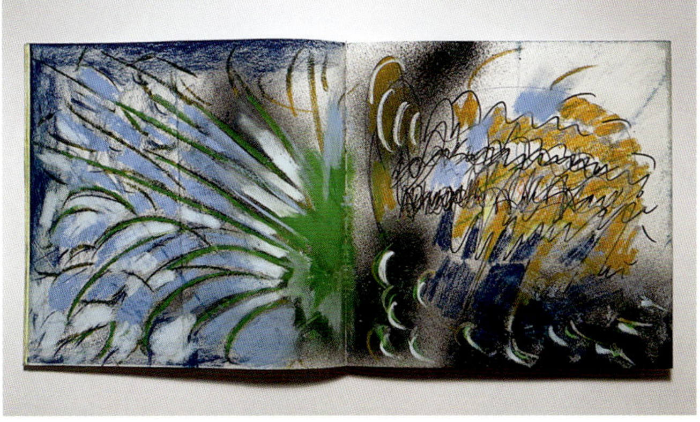

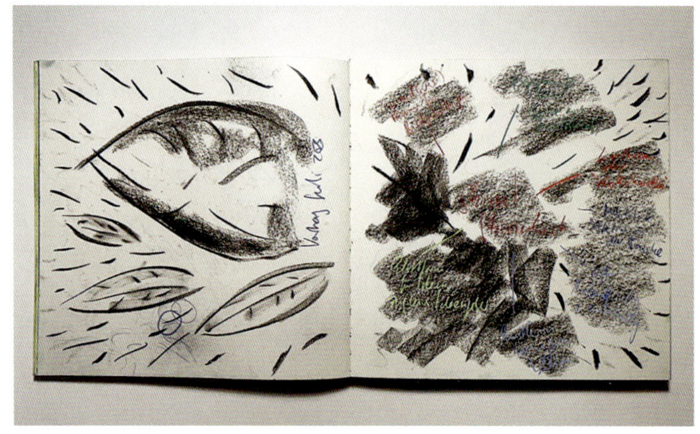

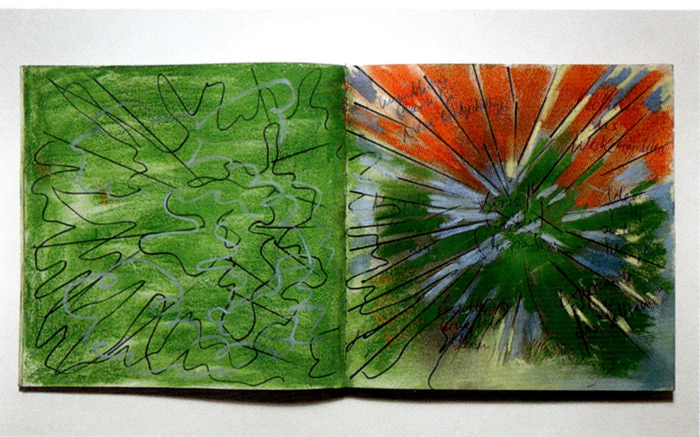

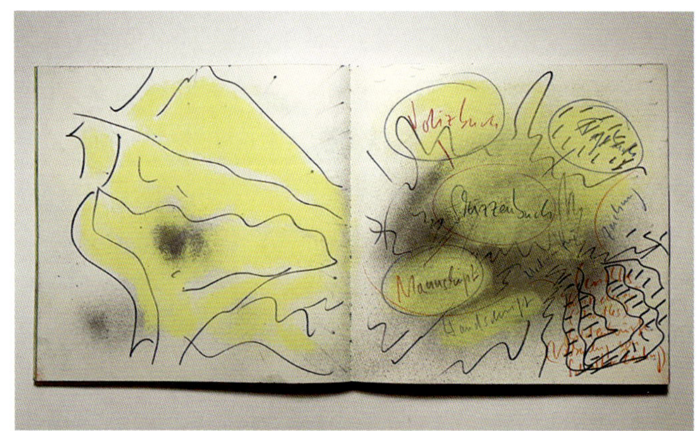

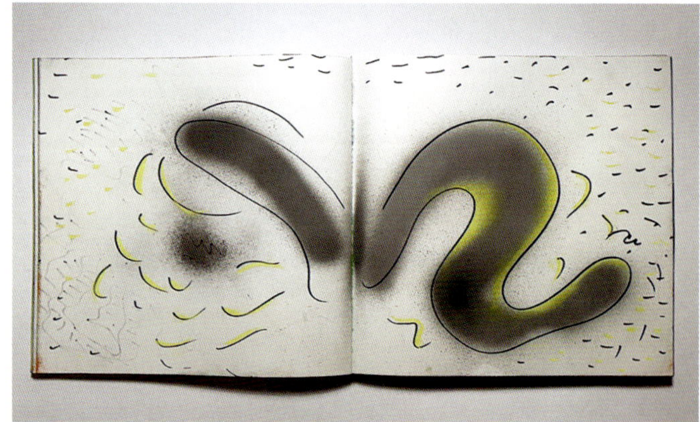

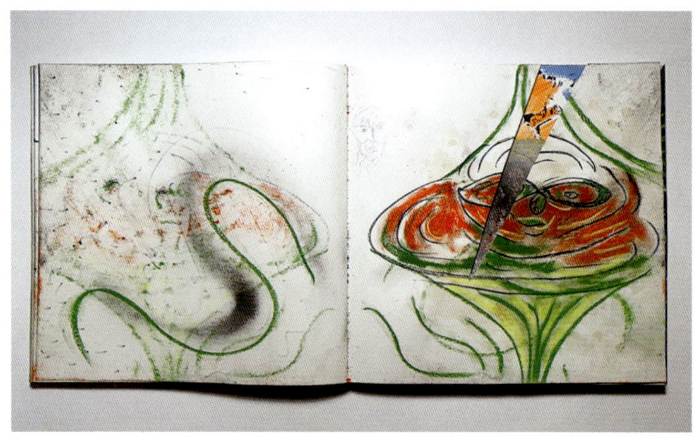

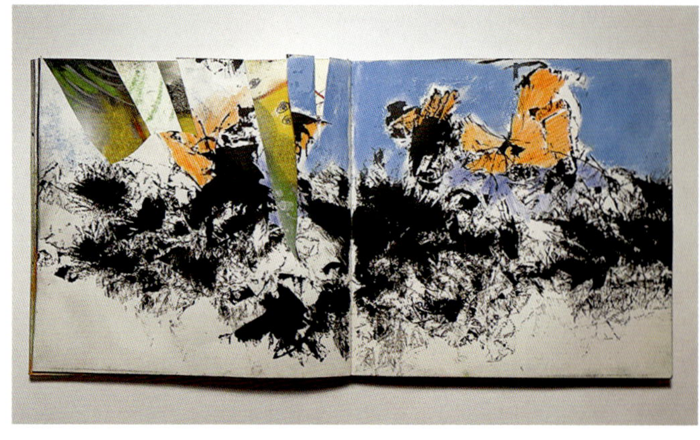

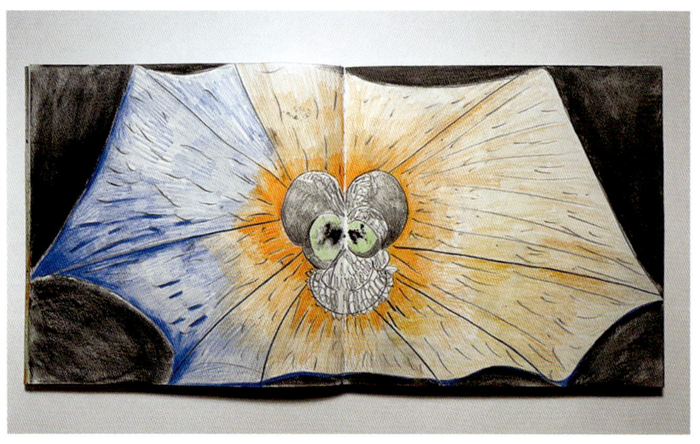

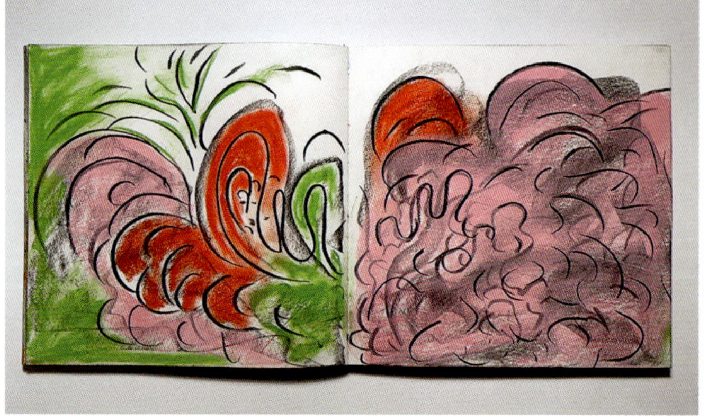

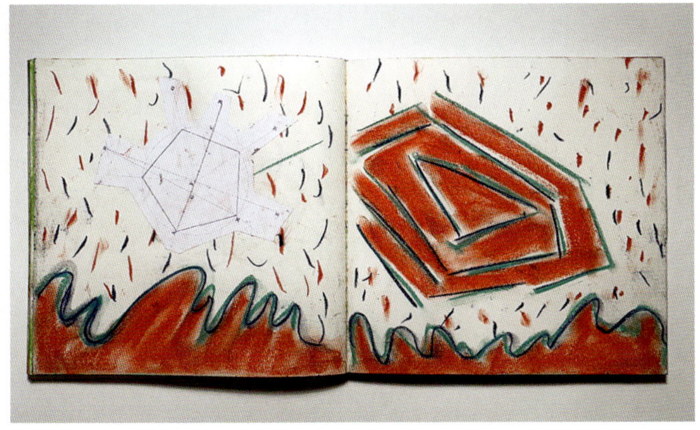
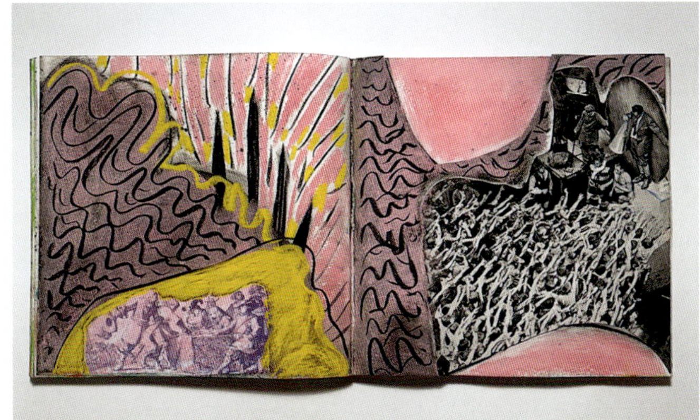
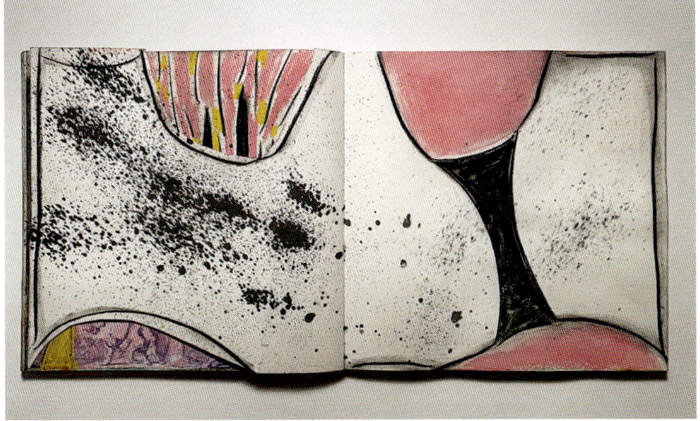
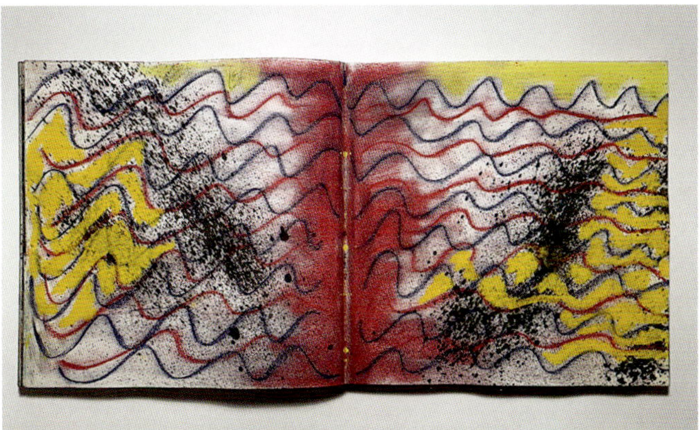
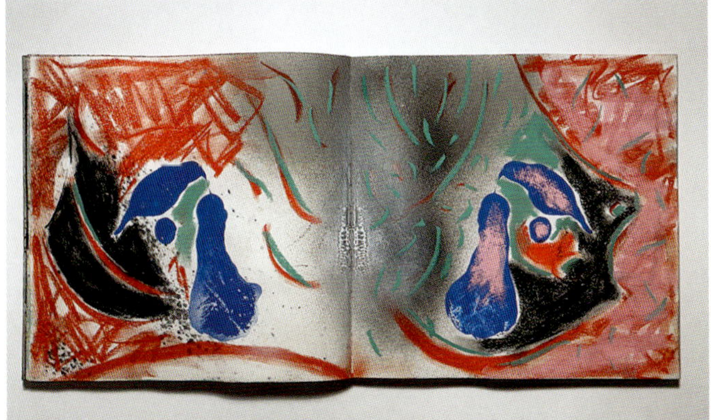
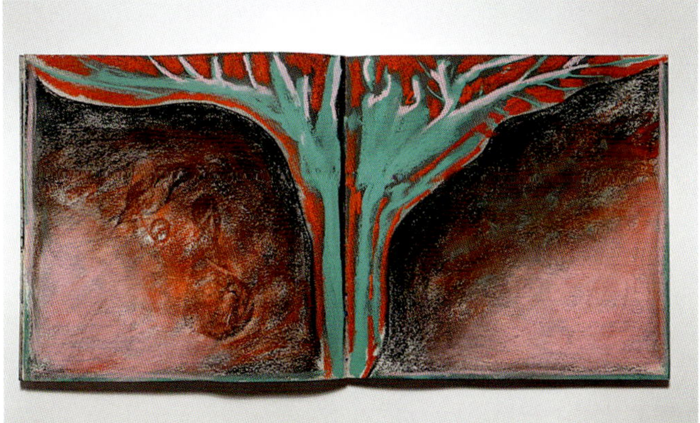
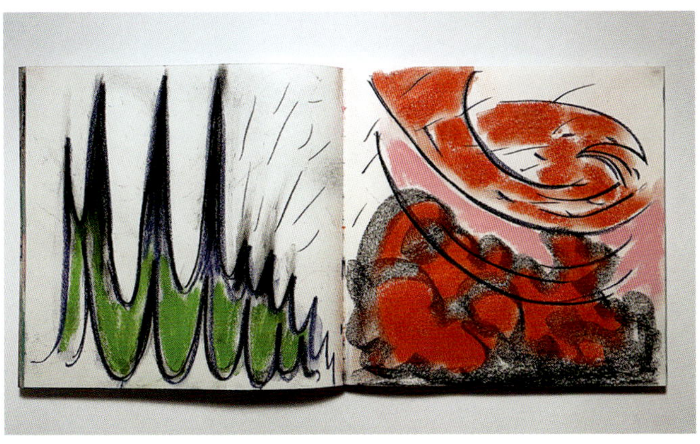
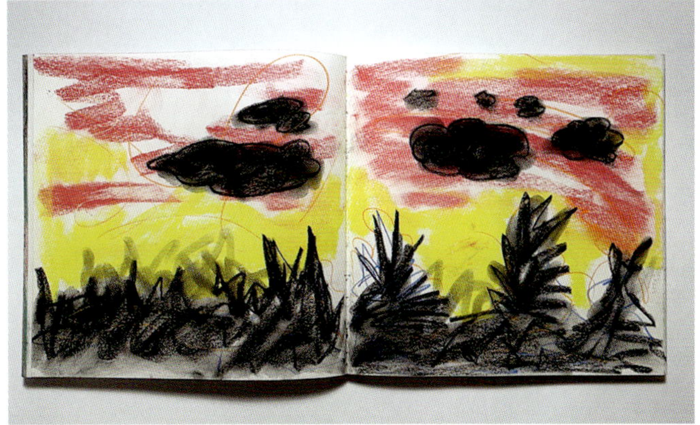

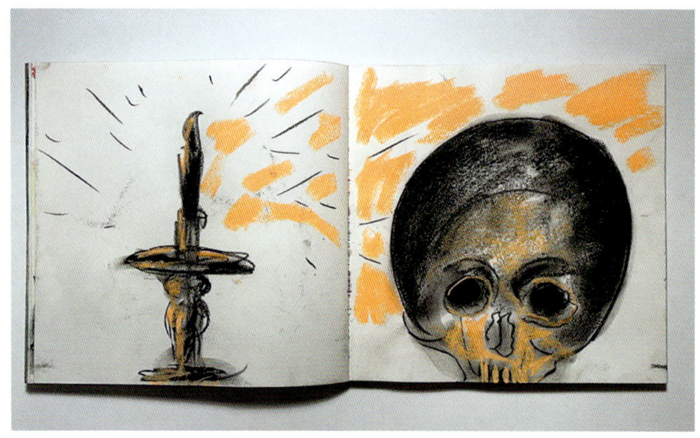
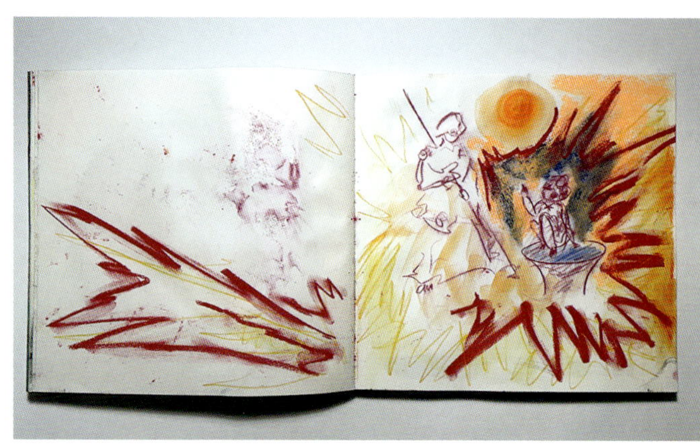
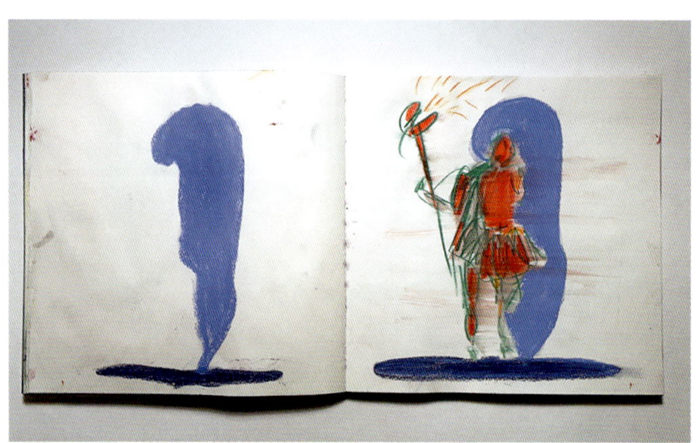
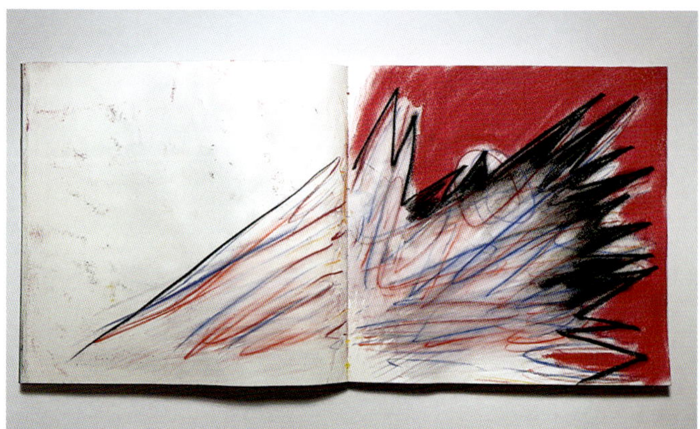
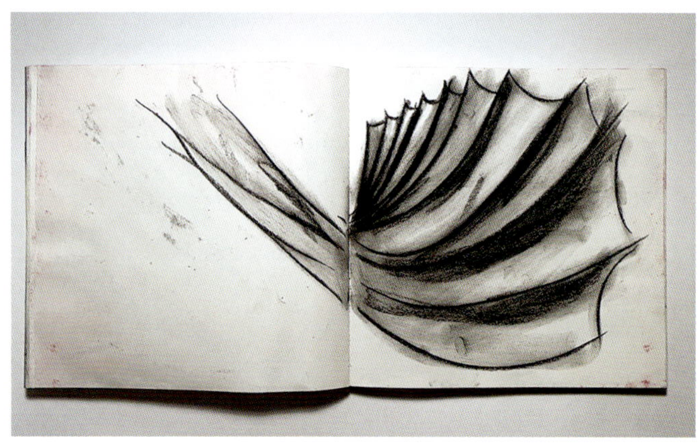
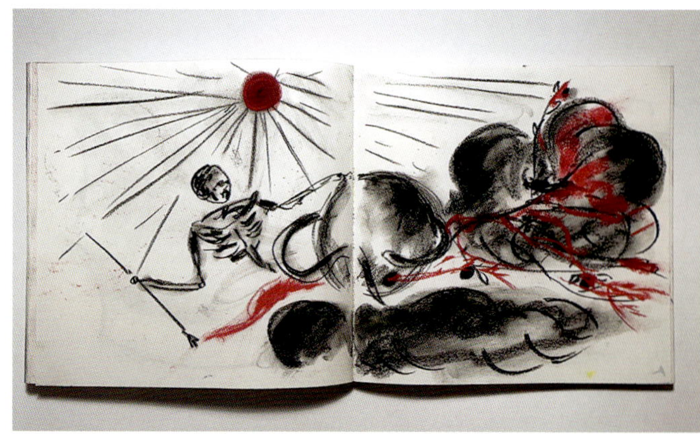
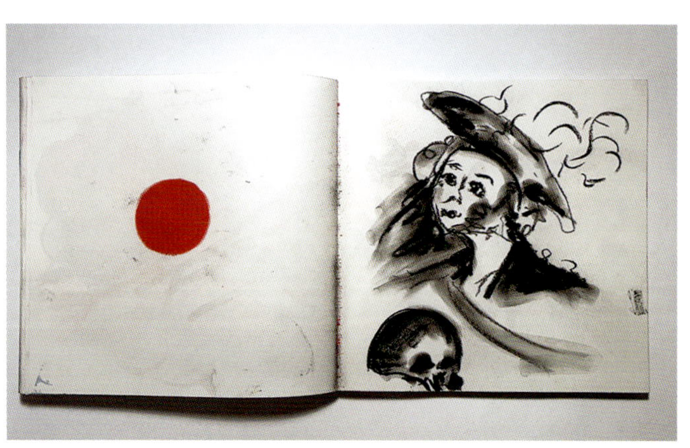
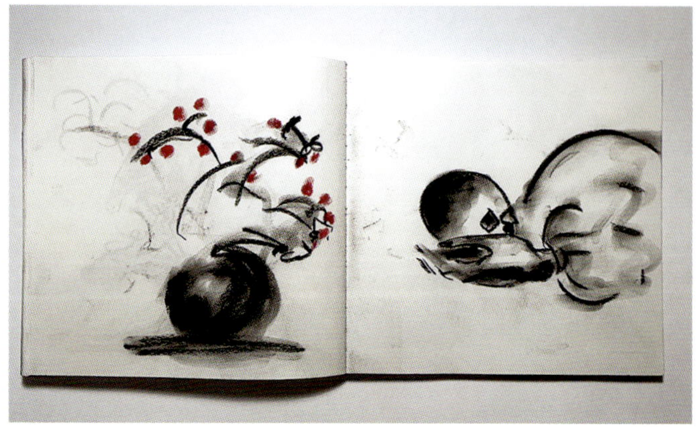

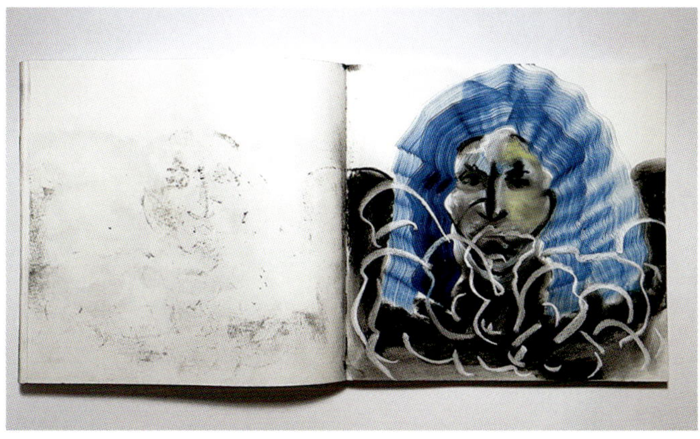

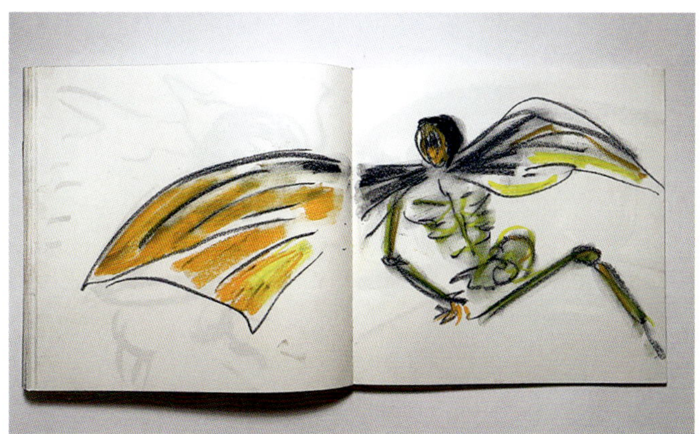

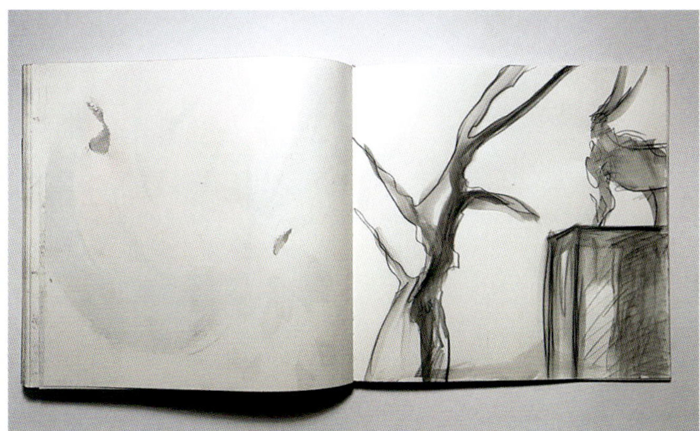

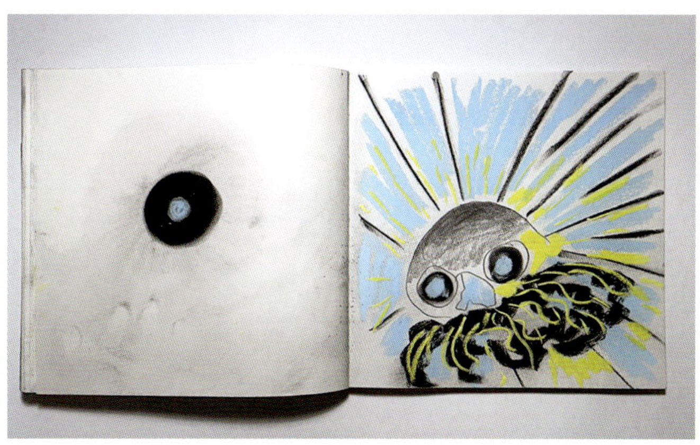

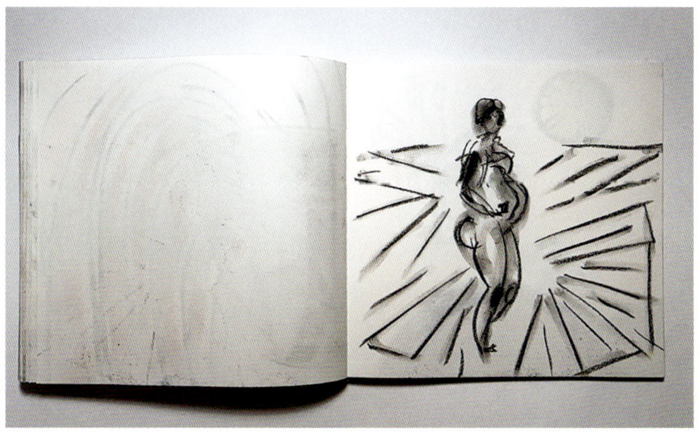

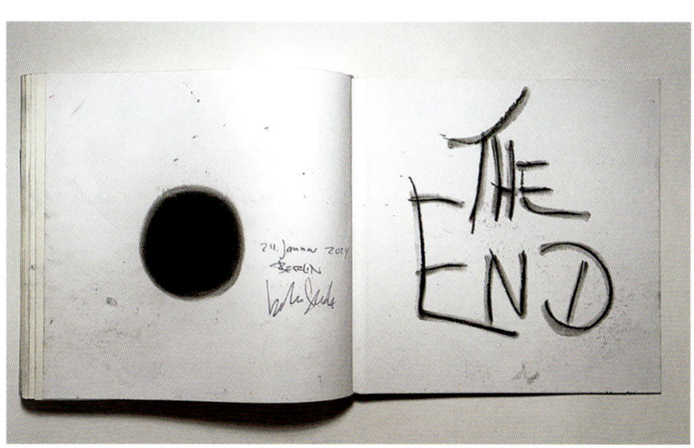

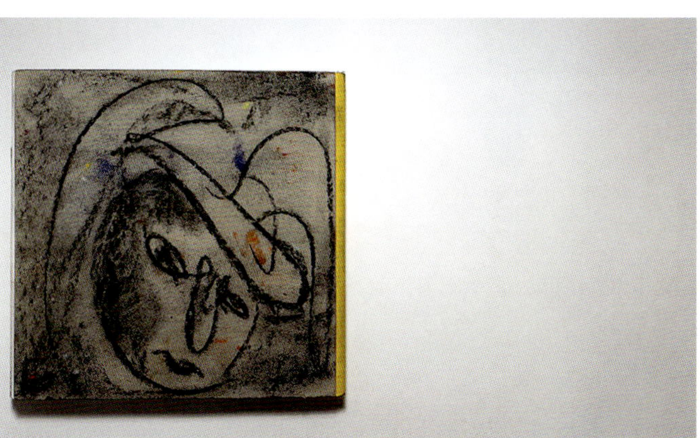

Seiten 72-91
Rotes Skizzenbuch, 2020
Verschiedene Materialien / Mixed media, 40 x 26 cm

Seiten 94-107
Blaues Skizzenbuch, 2023-2024
Verschiedene Materialien / Mixed media, 35 x 32 cm

Seiten 108-113
Gelbes Skizzenbuch, 2023–2024
Verschiedene Materialien / Mixed media, 29 x 29 cm

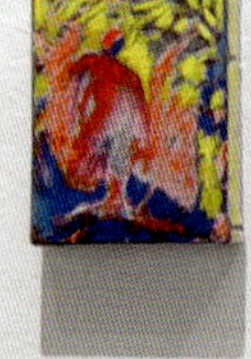

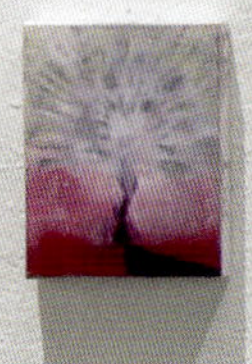

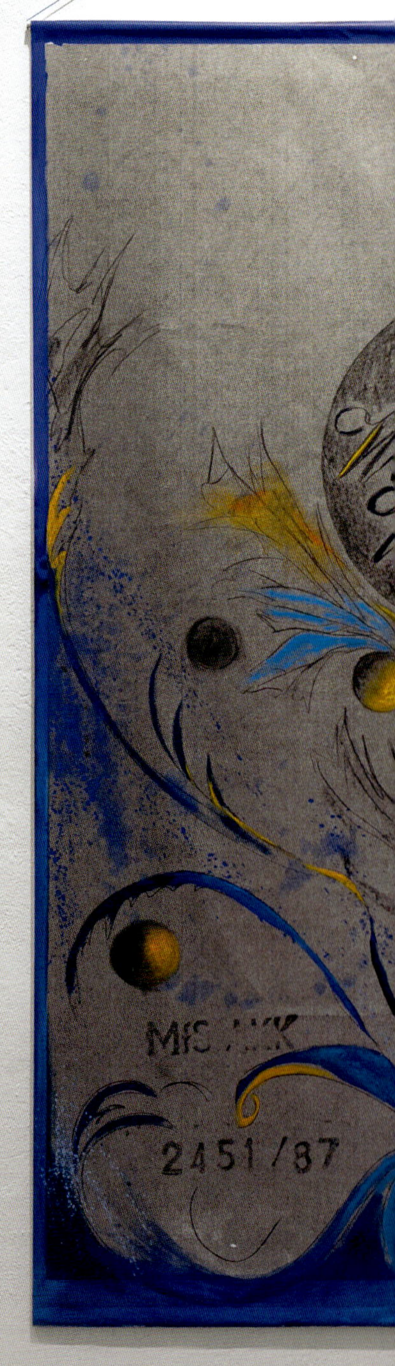
2451 / 87

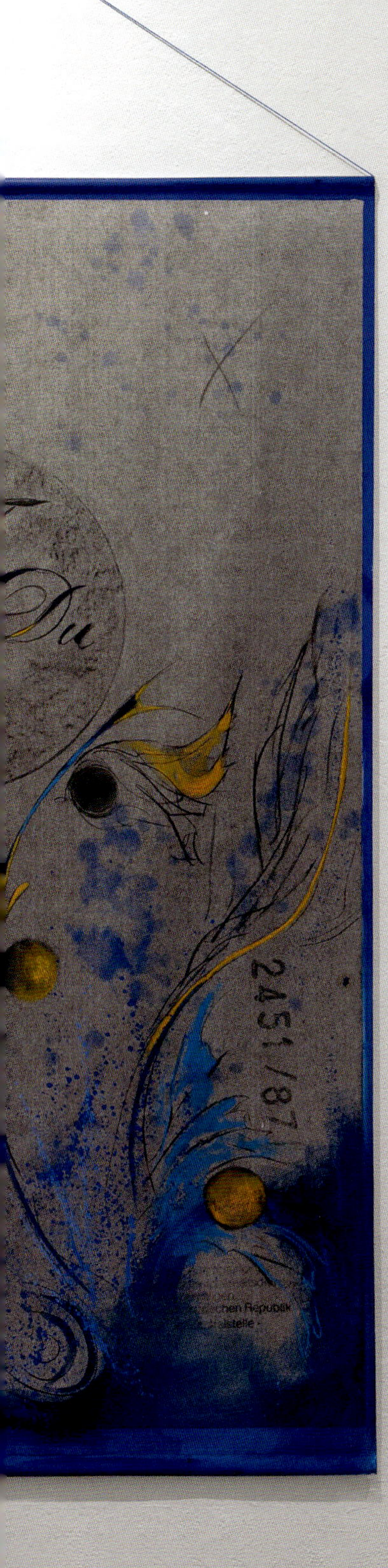
Du
2451/87
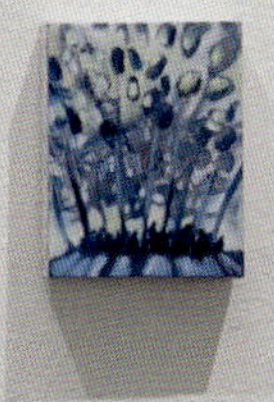
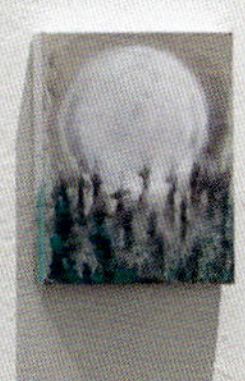
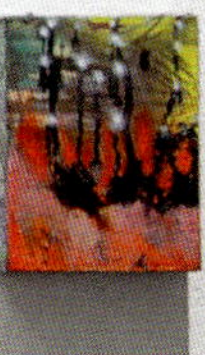

20 x 15 x 3,5 (London-Serie)
20 x 15 x 3,5 (London series)

Seit / Since 2010

Rave, 2025
Öl auf Leinwand / Oil on canvas, 20 x 15 x 3,5 cm

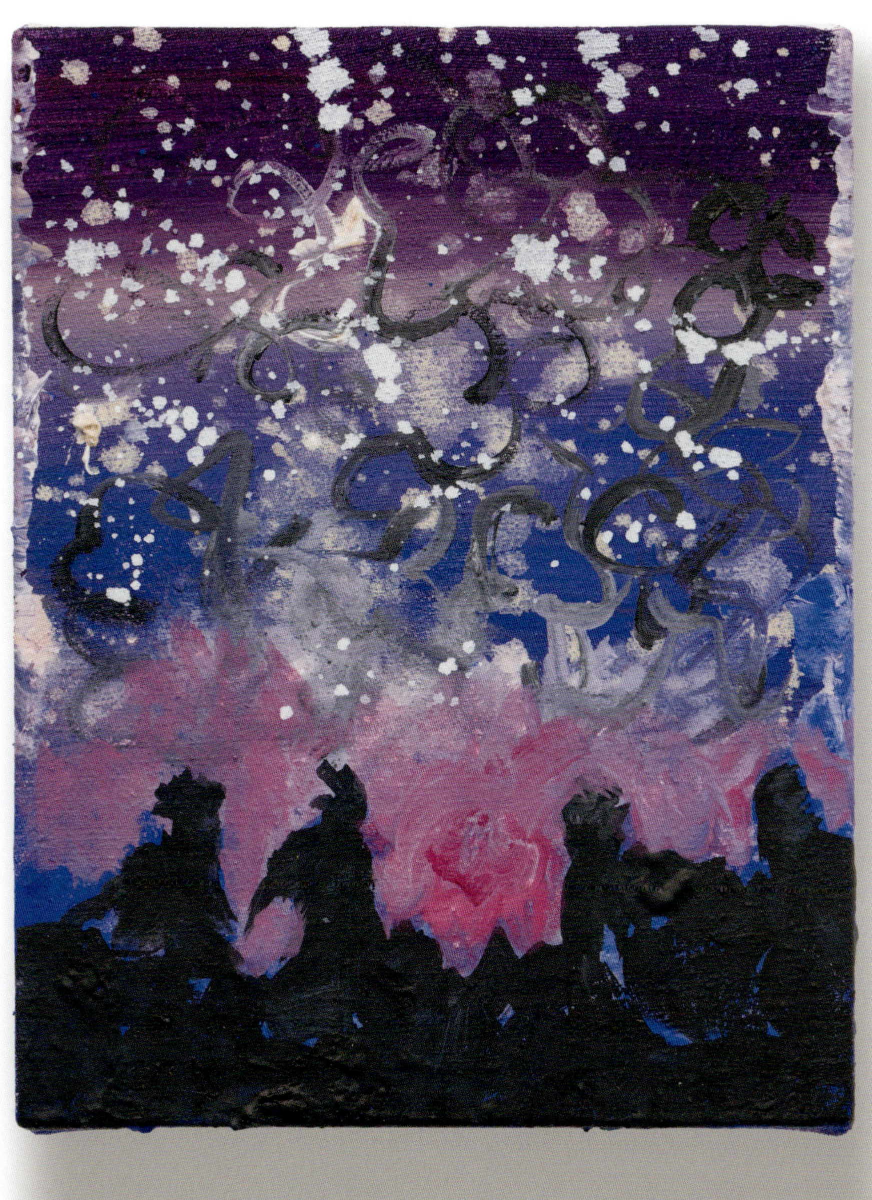

Alchemistische Sonne, 2024
Öl auf Leinwand / Oil on canvas, 20 x 15 x 3,5 cm

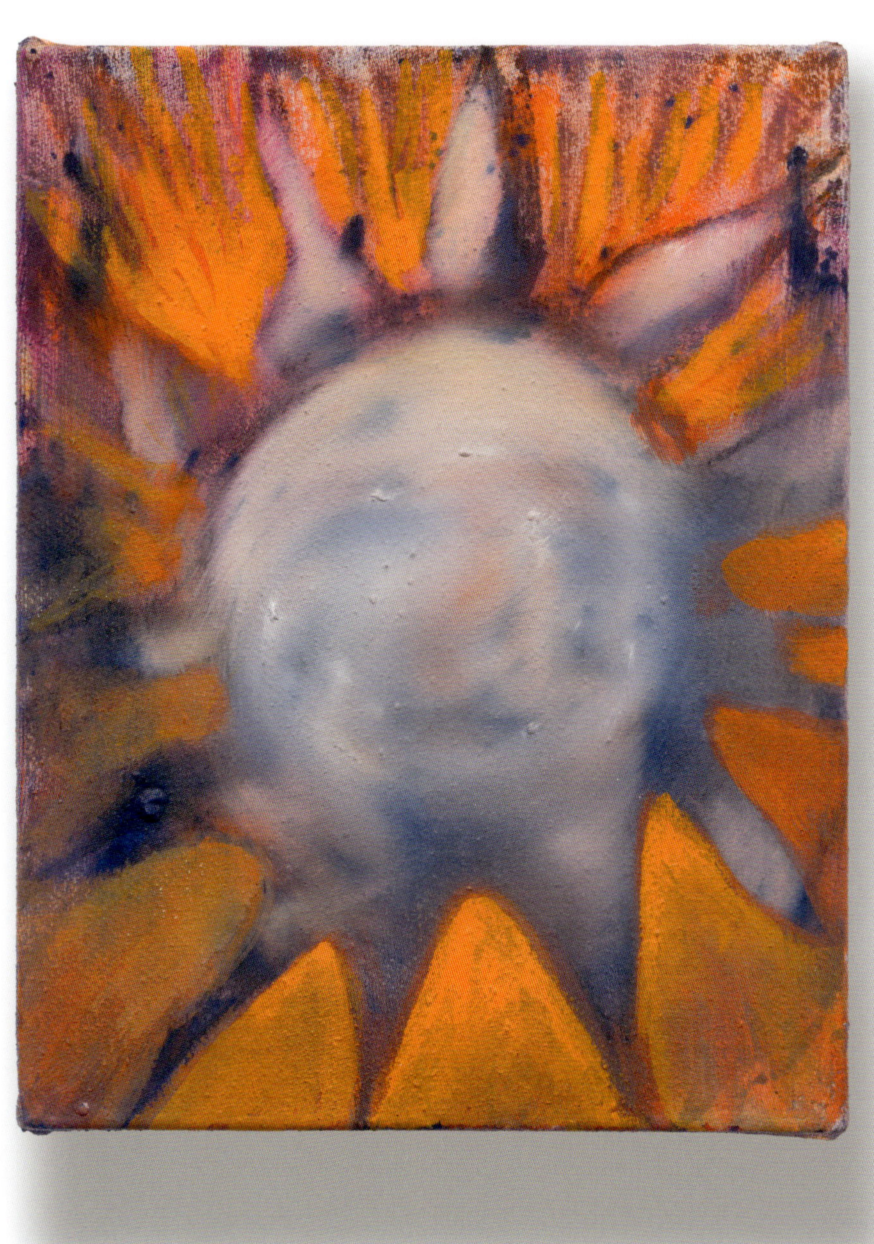

Szene aus Murnaus Faust, 2024–2025
Öl auf Leinwand / Oil on canvas, 20 x 25 x 3,5 cm

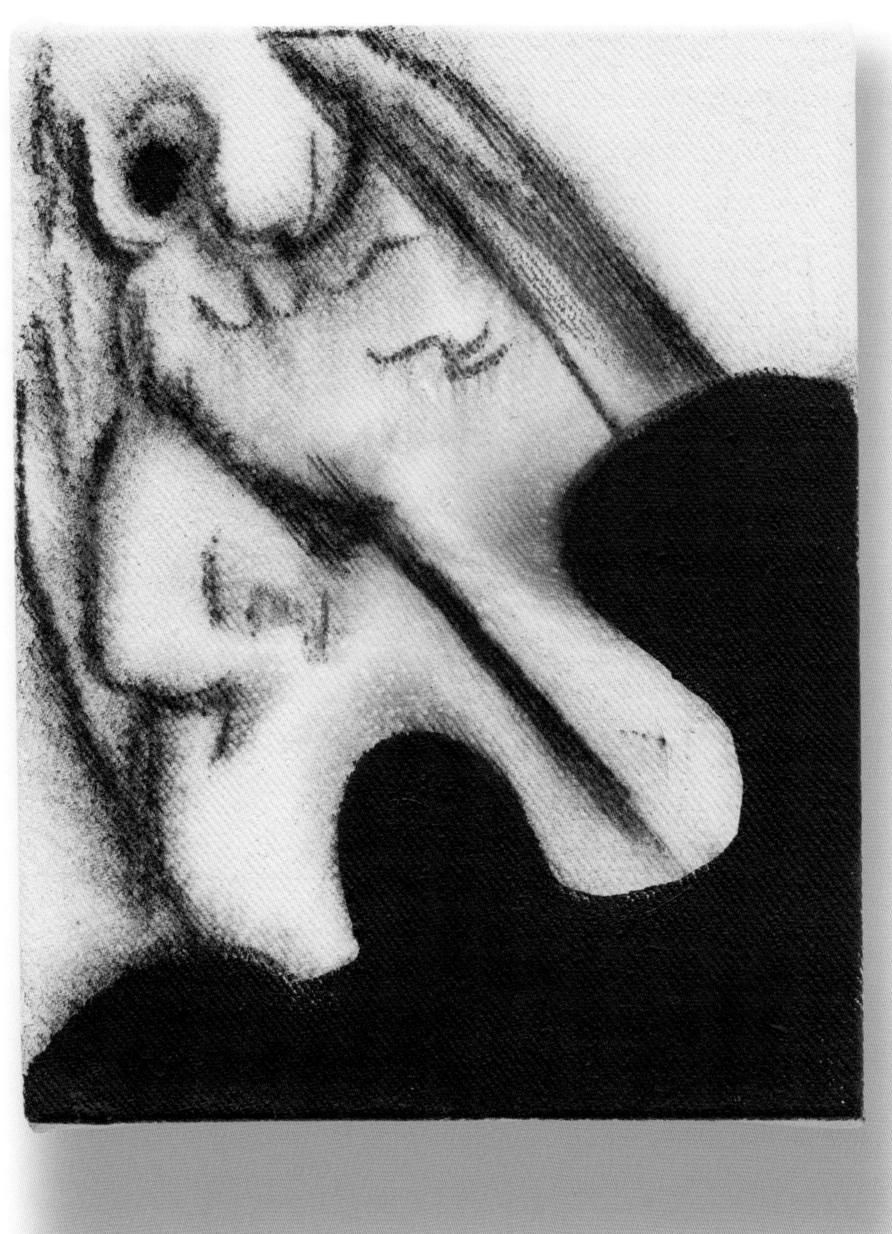

Multiversum, 2024–2025
Öl auf Leinwand / Oil on canvas, 20 x 15 x 3,5 cm

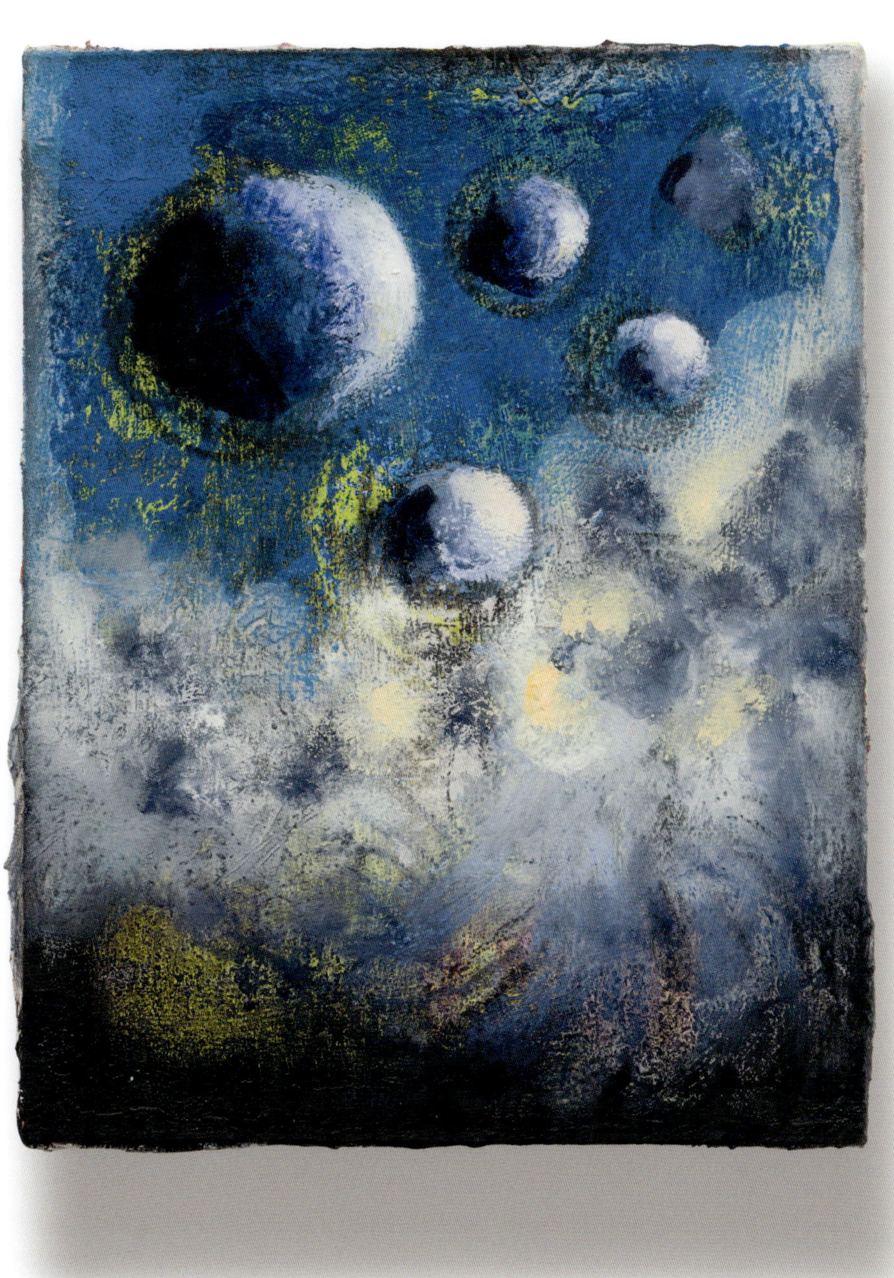

Wüstenblick, 2024
Öl auf Leinwand / Oil on canvas, 20 x 15 x 3,5 cm

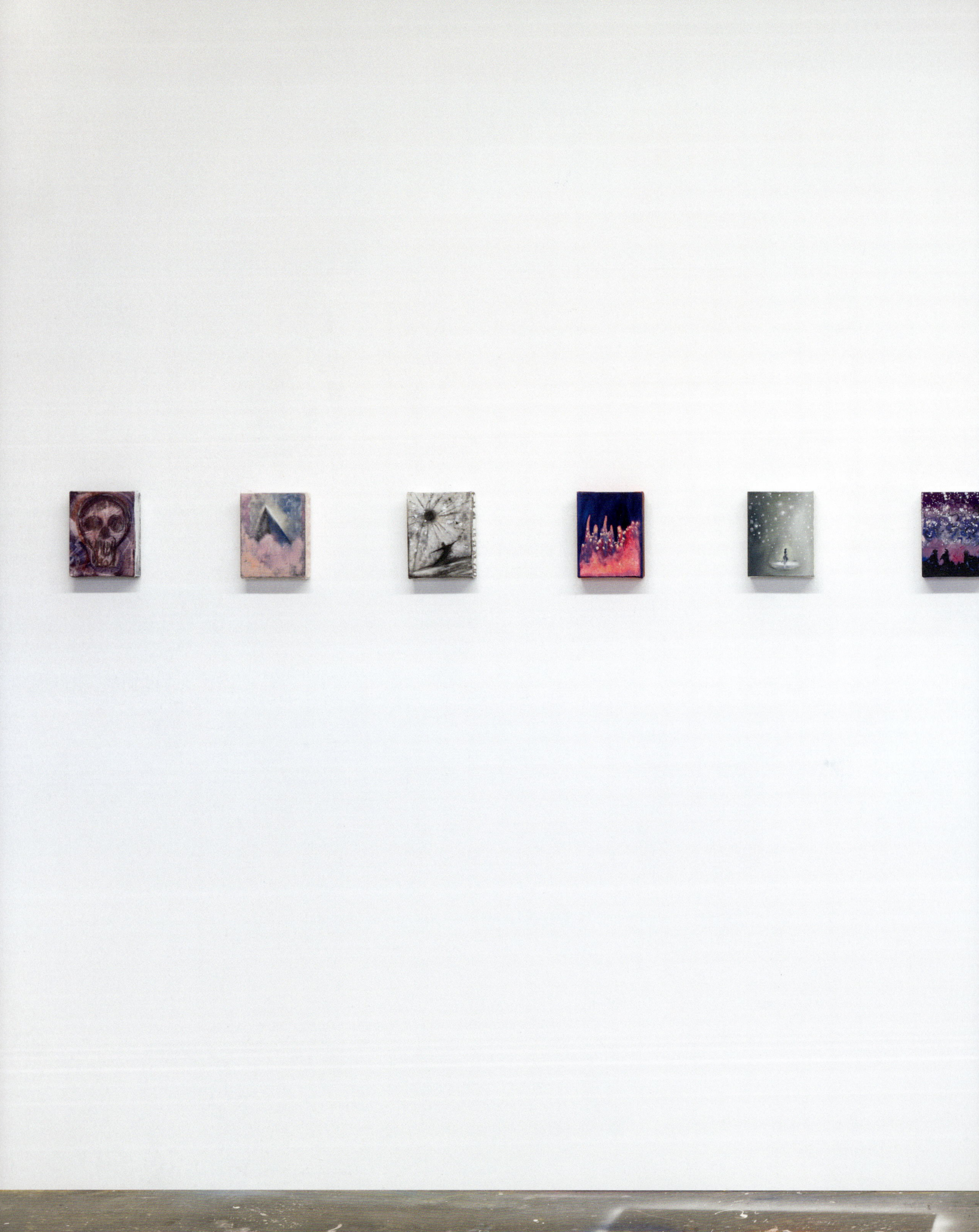

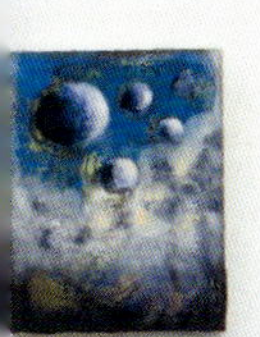
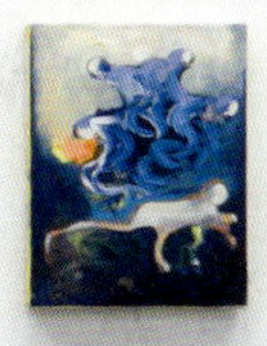
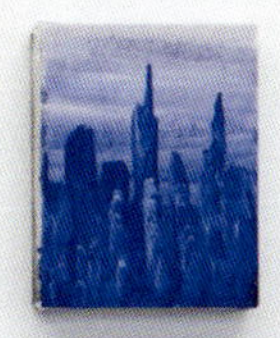
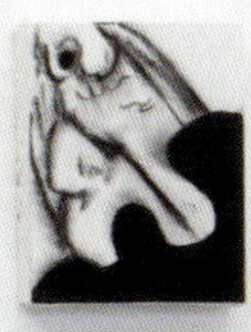
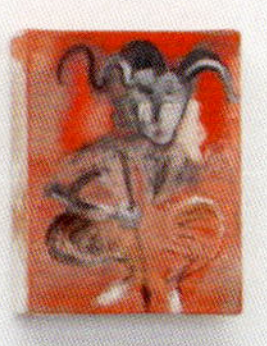
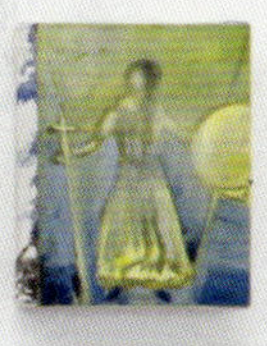

Schneenacht, 2024
Öl auf Leinwand / Oil on canvas, 20 x 15 x 3,5 cm

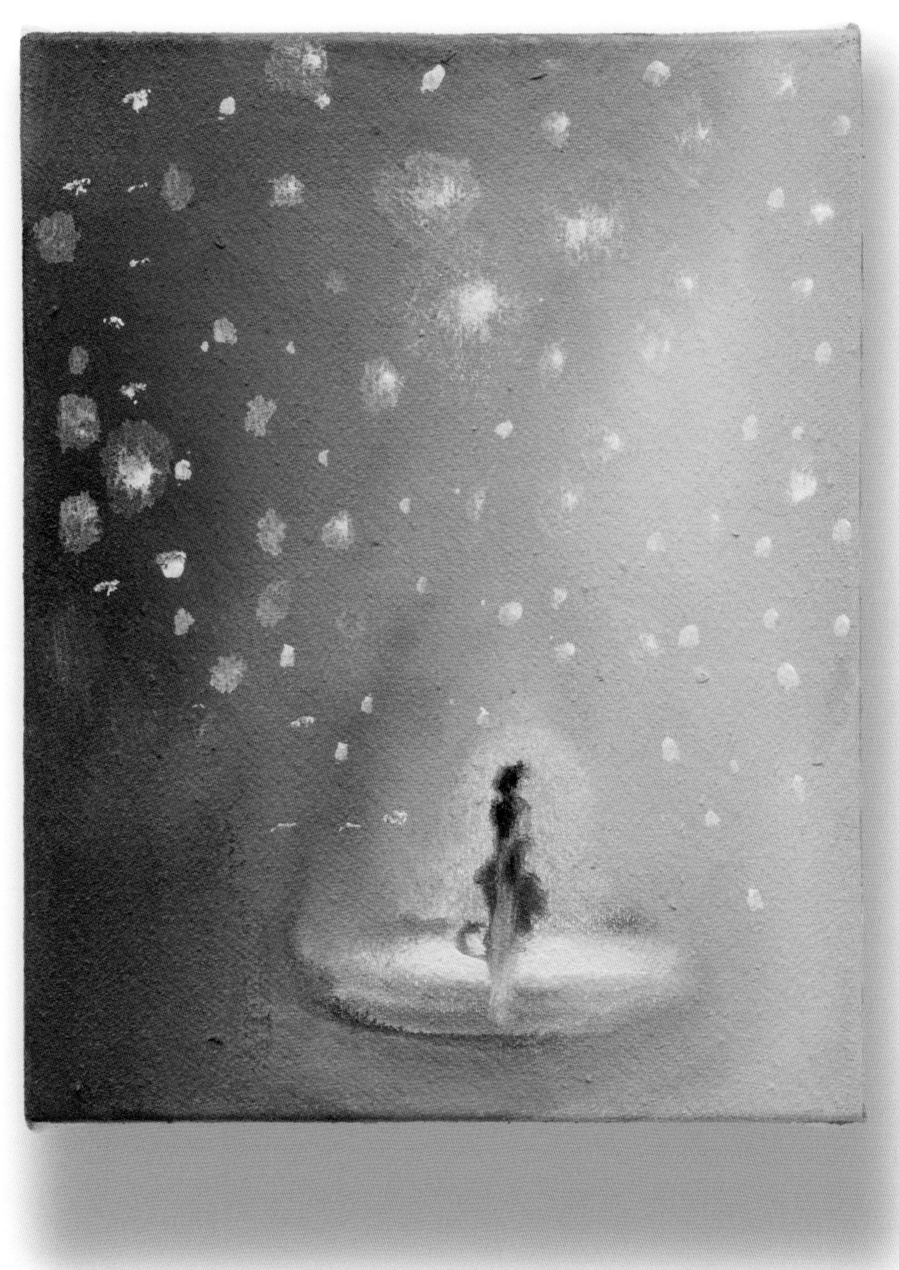

Blaue Stadt, 2024
Öl auf Leinwand / Oil on canvas, 20 x 15 x 3,5 cm

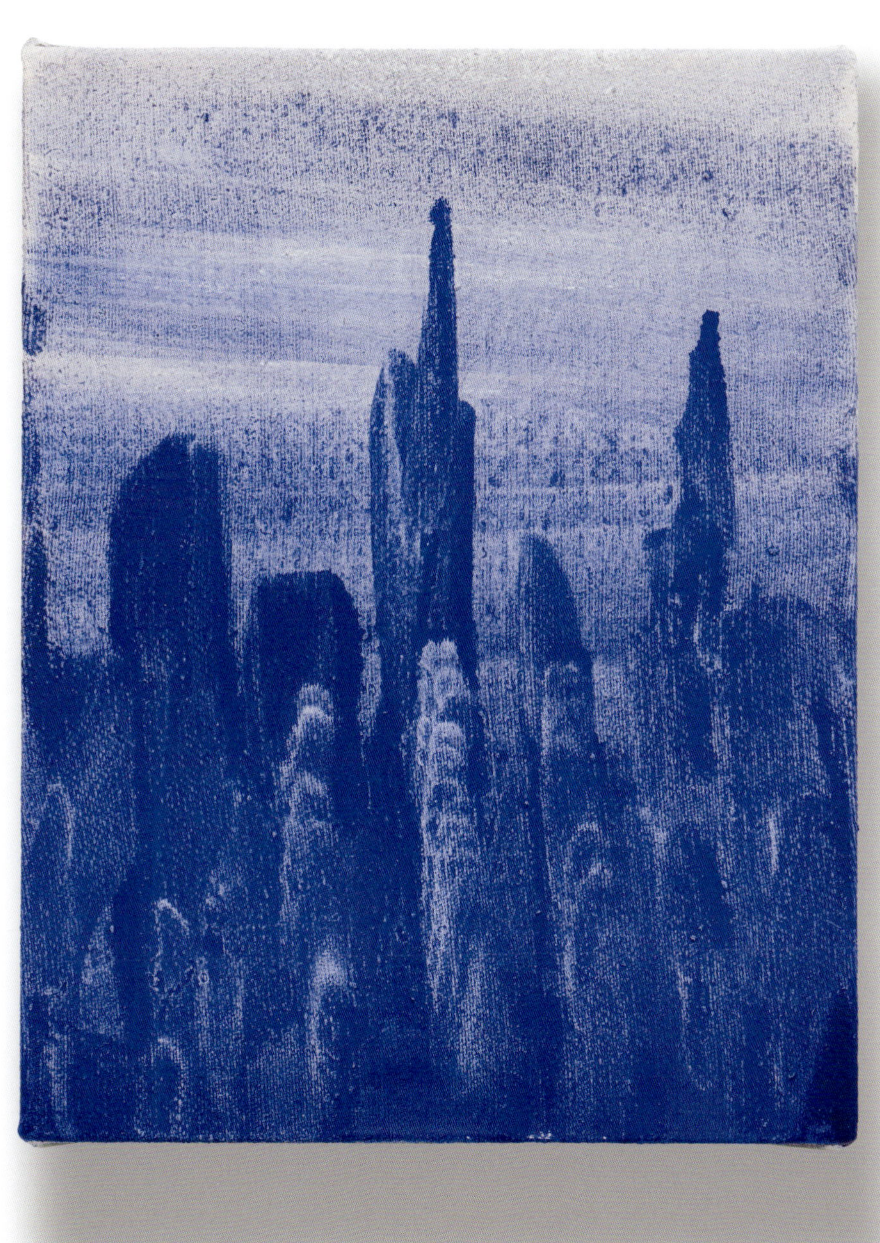

Ida Rubinstein erfindet die Performance, 2024–2025
Öl und Kohle auf Leinwand / Oil and charcoal on canvas, 20 x 15 x 3,5 cm

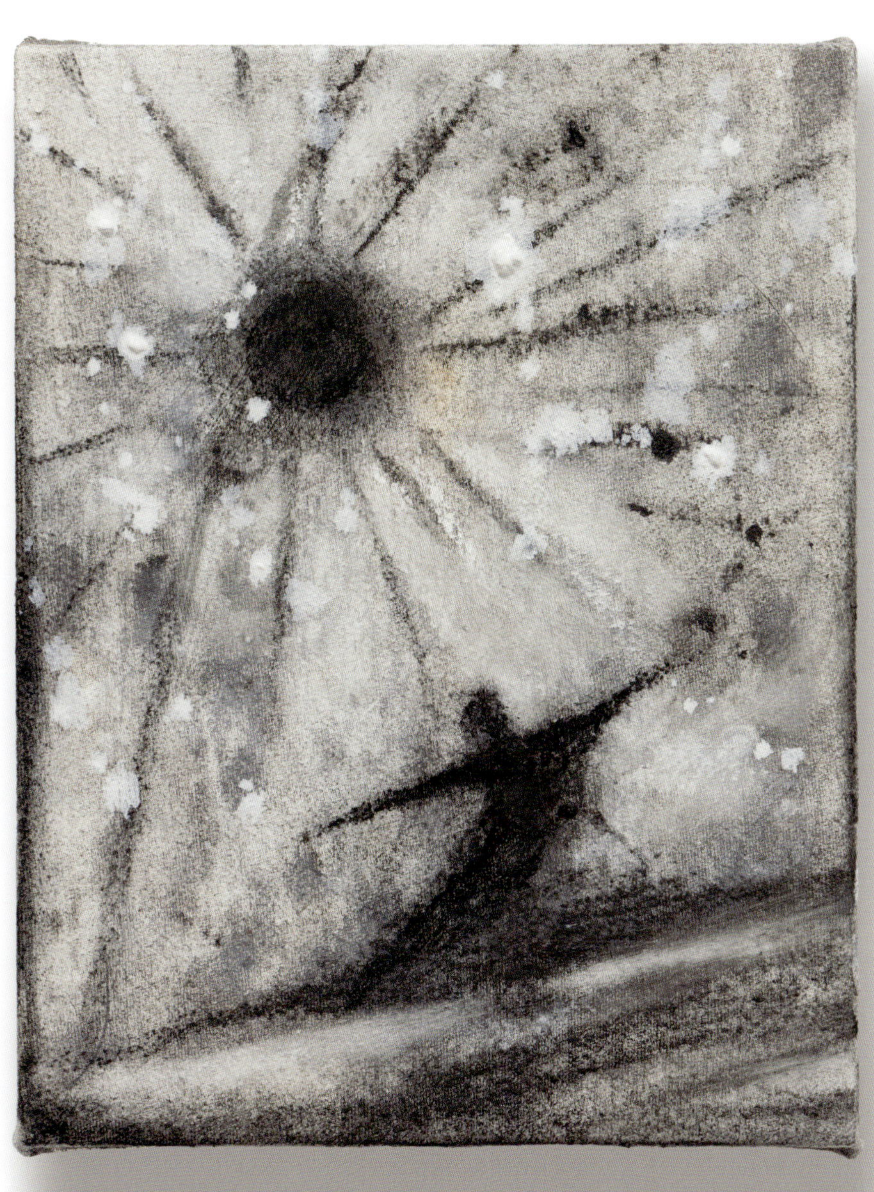

Portal, 2025
Öl auf Leinwand / Oil on canvas, 20 x 15 x 3,5 cm

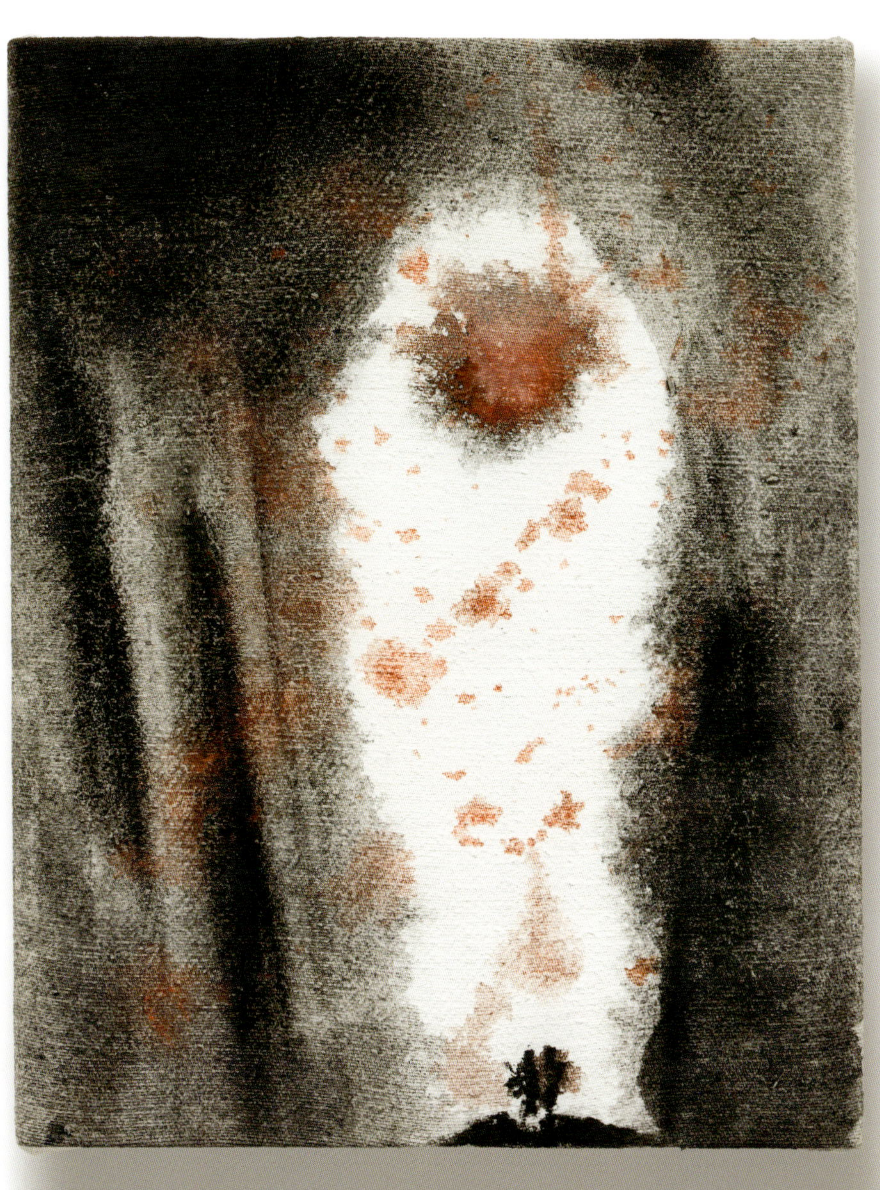

Krampus, 2025
Öl auf Leinwand / Oil on canvas, 20 x 15 x 3,5 cm

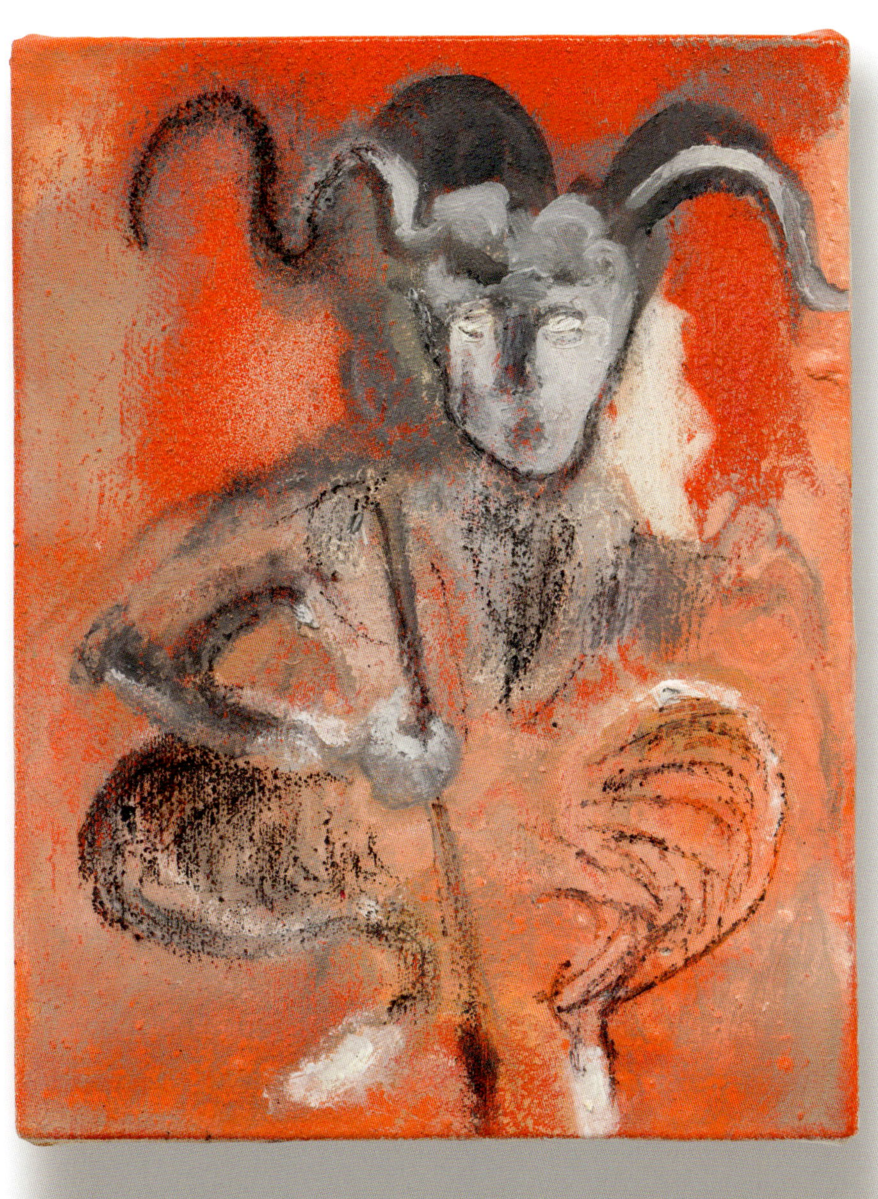

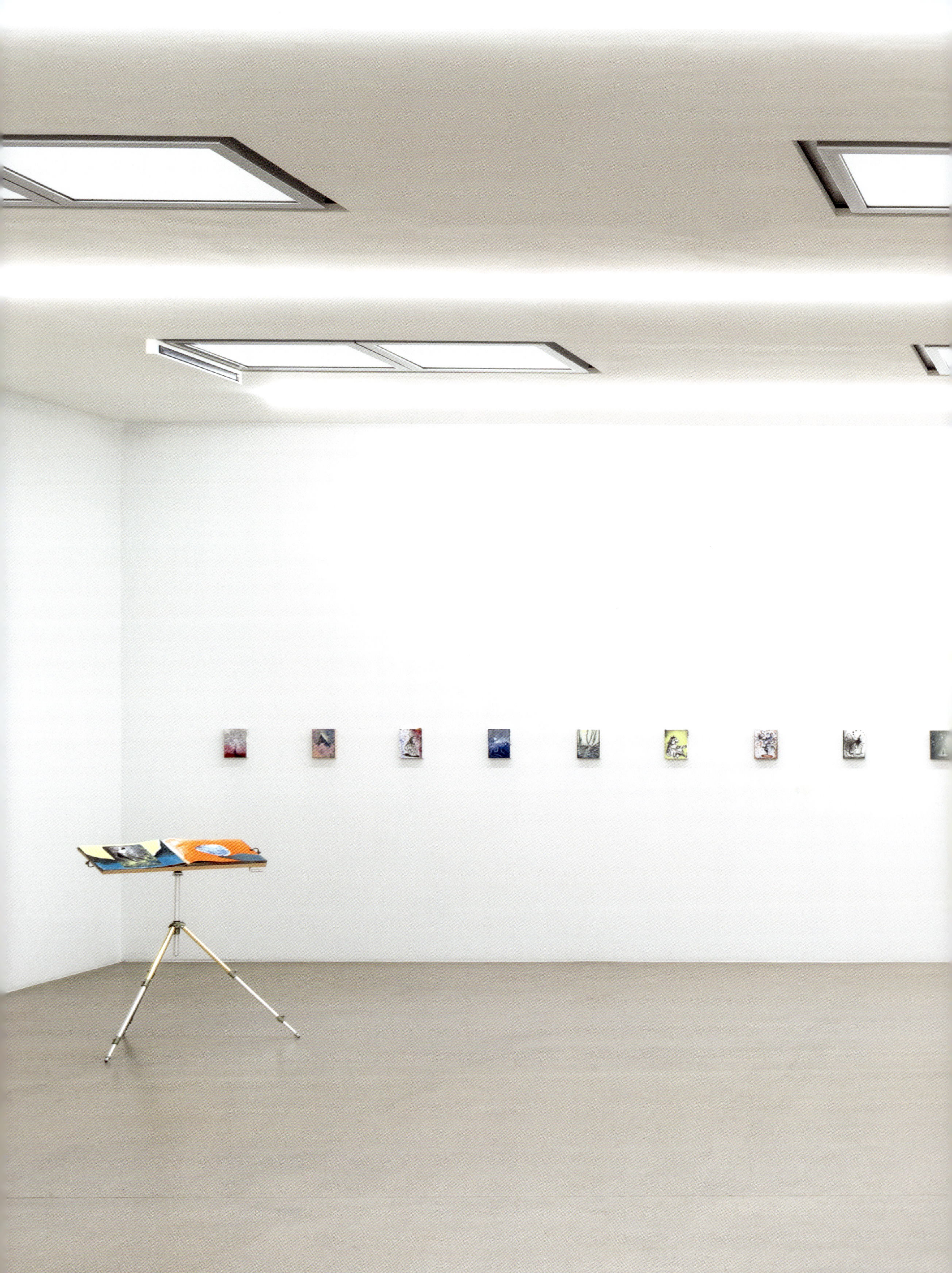

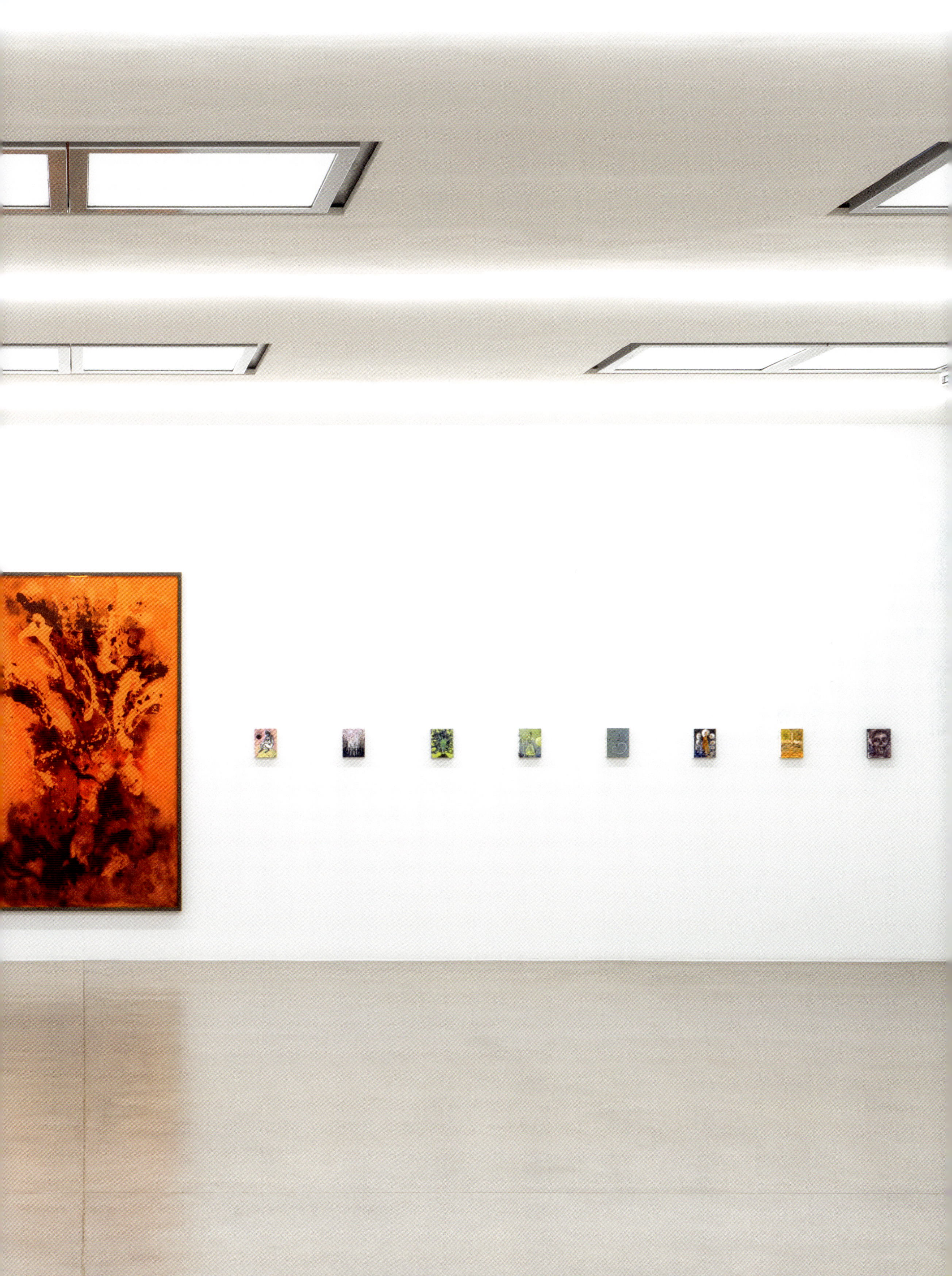

English translations

MAX DAX / MATTHIA LÖBKE

Preface

This book was conceived for the exhibition *Ost/West und das Südliche Orakel* by Bettina Scholz at the Kunstverein Heilbronn. It is in equal parts exhibition catalogue, artist's book, retrospective and outlook, compass and pendulum, because it does not only show a large portion of the paintings exhibited in Heilbronn, but it also served as a lens for Bettina Scholz to focus her own thoughts during the months of its creation. The book is based on a long essay in which Bettina Scholz allows deep insights into her own artistic process and the biographical foundation of her pictorial work for the first time—if we exclude the many interviews and conversations she has given over the years.

The three chapters of the book are dedicated to series of works that have either never been published before or have never been presented in such depth. In addition to the small-format London series, in which Bettina Scholz has been proving since 2010 that complex pictorial content can be expressed in reduced formats, her new glass paintings—her best known and still continuously evolving cycle of works—bear witness to an opening up from the abstract to the figurative. Since 2020, this differentiation has been based on Bettina Scholz's sketchbooks, which originally contained purely practical visual notes but very soon developed a life of their own, in which she not only jotted down thoughts and ideas but also began to process them immediately. Each sketch is thus potentially a new painting, each thought contains a possible new turn of a narrative that Bettina Scholz is rhizomatically extending with each new work.

BETTINA SCHOLZ

The Stasi file on Mr Scholz, the aura of Mrs O.

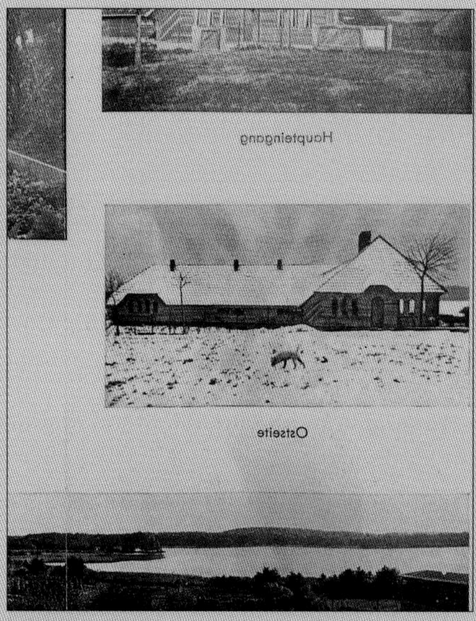

'It will be interesting if we believe that the earth has a soul.' Björk

I grew up surrounded by mystics, communists, artists and spies. The colourful environment of my childhood was a rich breeding ground for rumours in the small town where we lived, but it also helped develop my ability to see the world as a many-voiced phenomenon. People from a wide range of backgrounds and professions would meet for holidays in the unusual guesthouse that my parents ran and where we also lived. It was situated on a lake in Brandenburg, in a place that had achieved at least regional fame for its idyllic natural setting and a story by Kurt Tucholsky, and was also a popular holiday resort in the GDR. The house and the extensive garden belonging to it had been built by an unmarried lady and her (unofficial) partner, which was scandalously emancipated for the still young 20th century. Like many intellectuals and artists in the 1920s, the two had joined a movement that was also still young, which was influenced, among other things, by the Masonic, Buddhist, esoteric, scientific and artistic currents of the time, and which, with its enticing claim to be an all-pervasive world explorer, a knowledge-seeking total work of art, attracted an equally diverse and controversial following. Agriculture, education, art and medicine—everything needed a new approach, everything was to be rethought in the age of artistic manifestos. The two women wanted to make their contribution and hired Max Karl Schwarz, the founder of the Garden and Settlement School in Worpswede, to create a place of physical and spiritual recovery on their property. Schwarz designed a spacious wooden house with extensive gardens, including a pavilion with a thatched roof, wildflower meadows and long vegetable beds. I later learned that Schwarz was a pioneer of biodynamic agriculture and had helped design the garden at the Goetheanum in Switzerland.

In a database for listed buildings in Brandenburg, I find an entry that describes the construction and use of the building that was later to become my home:

> Designs by Max K. Schwarz from Worpswede, adapted by Hans Berndt. Built by Paul Gundlach (a). Operated as a guesthouse called 'Heim am See' with healing treatments and vegetarian food. Long, single-storey log construction on a solid plinth. The left section protrudes towards the street. Main entrance and narrow 'gothicising' windows. Continuous balcony on the garden side. Inside, kitchen (with a brick-built stove) and utility rooms on the plinth floor. Office and living rooms (with fireplace) in the left-hand section on the ground floor and attic. To the right, the ground floor contains a hallway with guest rooms. The simple garden contains a polygonal wooden pavilion with a thatched roof. With its highly individual construction and design, as well as its well-thought-out utilisation concept, the former guesthouse is an important testimony to the building and cultural history of a reform movement in the first half of the 20th century that was aimed at a healthy lifestyle.

My parents took over the house in the 1970s, and we lived in a fluid community with summer and winter guests, with recurring and changing protagonists of everyday or absurd stories. Following the tradition of the founders, herbal treatments based on the work of Hildegard von Bingen were offered, along with vegetarian cuisine made with home-grown vegetables, readings, choir singing, swimming in the lake and relaxing in the shade of old fruit trees. The Christian holidays and the changing seasons were elaborately designed and celebrated, and efforts were made to achieve sustainable aesthetics and internationality. Depending on one's point of view, we were either anachronistic or avant-garde, or both in turn (just as I can say today about my understanding of painting). The guesthouse seems to me like a miniature version of the famous and infamous Monte Verità Naturalist Sanatorium in Ascona, Switzerland, projected into the GDR. At the beginning of the 20th century, Monte Verità was a meeting place for the controversial reform movement and a melting pot of artistic ideas of European modernism. Hermann Hesse, Erich Mühsam, Käthe Kruse, Rudolf Steiner, Marianne von Werefkin and many others were guests on Monte Verità. The longing for renewal, for a new world order, seemed to be in the air at the turn of the century, which was also referred to as nervous, and it produced practical results in many places, just as it did a decade later in our 'Heim am See'. Looking back, I had to learn with great dismay that the life reform movements (of which anthroposophy is also a daughter), which I had previously perceived as crazy and weird, but nevertheless colourful and cosmopolitan, had currents that led to the inhuman horrors of National Socialism. 'In general, however, the pursuit of international understanding and small, liberal communities were far more typical than chauvinism and proto-fascism,' writes the historian Joachim Radkau about this period, and once again I learn to tolerate ambivalences and polyphony. Simple answers are easier.

Our Monte Verità in Brandenburg, in any case, wanted to be open-minded as much as possible in the GDR and miraculously survived two dictatorships, National Socialism and the GDR state, despite its authority-resistant inhabitants and its commitment to diversity in the organisation of love and life. Instead of a miracle, however, this life was probably characterised more by '... a balance between adaptation and resistance, between courage and betrayal (...) a grey area of possibilities in which one could choose to go in one direction or the other, in which there was no right or wrong path, but at best the feeling of having found a tolerable compromise. Those who lived in this grey area always had to react and weigh up anew,' as Maxim Leo describes the lives of those who tried to create independent spaces for themselves in this country. As I was able to read with some irritation and amusement in my father's Stasi file, it was mainly the vegetarian cuisine at the 'Heim am See' that aroused suspicion, apparently an impossibility at the time, which is why the guesthouse in the small town was also called 'Hungerheim' (literally: 'hunger home'). In one document in the file, the curious assumption is expressed that, due to the vegetarian food, the target group for the guesthouse included guests who wanted to lose weight, as if vegetarian food were a kind of diet or punishment per se. I imagine the Stasi informers sitting at our breakfast table, disguised as guests, leaning over the bitter nettle tea and trying to understand what was going on in this house. If they had known, I thought while reading the file, the vegetarian kitchen was not the strangest thing that happened there, because even stranger was, for example, Mrs B., who was very afraid of unspecified radiation and therefore rarely left her room (it's a good thing that the poor person no longer had to experience digitisation), or Mr K., who only recited selected poems by Rilke or Morgenstern in certain planetary positions in the Or Mrs O., who was particularly sensitive to the auras of people and therefore often suffered greatly under their presence. Rumour had it that she could see etheric bodies. As a child, I found these eccentric people interesting. Through them, I learned that everyone is unique and that even adults don't stop playing.

At the same time, it was a life in parallel realities, where I would turn up at school in my pioneer shirt for the flag ceremony in the morning and paint angels and fantasy creatures with wax crayons at home in the afternoon. The world became a kaleidoscope for me, a stage on which the events and dialogues that took place before me presented themselves in their fragile simultaneity, and on which it could be dangerous if one narrative thread touched another. Idyll and danger lay close together, as I sensed when my mother suddenly and excitedly made books disappear, when strange men with horn-rimmed glasses appeared, or when she covered my mouth when I asked a (seemingly) inappropriate question. I began to divide the scenes into more and less interesting ones, into strong and less strong images, but also into those that I had to keep secret and those that I was allowed to talk about at school, as if I were growing up speaking two languages and gradually learning to distinguish between them. The opaque activities at the boarding house on the lake were suspicious to the state, which had cast a particular eye over us.

17 April 2024, 5:30 a.m.

Since I can't sleep, I get up and browse aimlessly through my bookshelf. The autobiography of Nile Rodgers falls into my hands. It is one of the most educational and exciting books I have ever read, and immediately it draws me back into its spell. My mother often claimed that books always fell into her hands at the right moment. Fortunately, I inherited this skill, if you can inherit something like that. The dedication reads: 'This book is dedicated to my biological, spiritual and musical family. Without you there'd be no me. I love you very much.' The first chapter begins with the sentence: 'It took me a long time to realise that the things my parents did were not exactly normal.' This sentence alone makes me feel close to the story. I count the book among my artistic elective affinities, which I choose freely or which fall to me. They come from all times, countries and societies. They are the collective that constantly accompanies me. Nile Rodgers' story is ludicrously fast-paced, always balancing on the fine line between life/creation and death/destruction. Art loves risk, and risk means danger.

In my childhood home, the books that were read aloud and the songs that were sung were part of the daily routine. They seemed to be either dangerous or harmless, depending on the context. I learned that fantasy and imagination can have a great explosive power. In this contrast of attitudes, in the tightrope walk between authoritarian state and individualistic life plan, the first artistic coordinates were formed, which shaped my perception. The countless nuances of my childhood, in which it was essential to perceive and interpret the unspoken as well as the spoken, led logically to a passion for painting that seeks a different language and likes to move in the realm of the enigmatic.

Nevertheless, the question always remains as to where the images come from and how painting, how art, is created. Perhaps it is not crucial, but it is interesting. I see how strongly my most formative artistic influences come from the stream of my family history and at the same time are shaped by the circumstances of the time: from the cultural and political tensions between East and West, which I was able to intuitively feel as a child through the behaviour of my parents, from Rosa Luxemburg at school and Rudolf Steiner at home, from Art Nouveau-inspired Russian fairy tale book illustrations, from spiritual images of the spirit-filled turn of the century, but also by Raphael's Sistine Madonna, by DEFA Western films and *E.T., the Extraterrestrial* from Hollywood.

The extraterrestrial and the floating Madonna

My mother had an ambivalent relationship with technology, especially with our TV, which she regularly threw out of the house, only to get a new one a short time later, just as I now uninstall the Instagram app in an eternal struggle between attraction and repulsion, only to reinstall it afterwards, permanently undecided how to deal with this medium. When I saw *E.T.* at the cinema, we had been living without cinematic influence for quite some time, without the captivating appeal of moving images. I was eleven and the film impressed me so much that to this day I believe that it played a significant role in the beginning of my love for cinema and for the science fiction genre. The staging and narrative style are based on those of fairy tales. The film has precise lighting, with a round spotlight used in many scenes to emphasise certain elements of the image while leaving others atmospherically in the dark, similar to some of Edward Hopper's night scenes. The lighting and the sparing use of language leave plenty of space for the images to take effect, for intuitions and speculation about what may come. The audience is given plenty of time to savour all the big feelings that the ten-year-old protagonist experiences during his adventurous friendship with the wrinkled extraterrestrial.

As I lay in bed after this spectacular first evening at the cinema, I looked at the painting that hung above my bed as an art print in a carved wooden frame: Raphael's Sistine Madonna. And as I fell asleep, images and moods from the film overlapped with those of the painting. Both scenes from *E.T.* and figures and colours from Raphael's Madonna floated auspiciously out of the unknown into my dream world. Both pictorial worlds were clear in their language and at the same time enigmatic; both had the infinite cosmos as their home and the world of children as their centre. At that moment, they entered into an artistic friendship that was unusual and taught me a great deal about what art can be.

It was only later, as an adult, that I recalled this scene for the first time when I read Susan Sontag's collection of essays *Against Interpretation* with great enthusiasm. In it, she looks at completely different cultural phenomena without hierarchy, with the same acumen and intensity: Thomas Mann, science fiction or underground film: everything is potential material for artistic thought and action, everything is worthy of examination because it enters into a relationship with the world.

The dishes in the barn

My mother was full of contradictions. One of these was that she was both an esoteric and an intellectual. Her whole being was tense and tossed back and forth between the poles of rational/provable and irrational/speculative—two poles that are also essential to painting for me. When I paint a picture in which light and shadow are depicted naturalistically, physical laws play a role. If I paint a person, their anatomy plays a role. If I paint in a gestural-abstract way, it is important to know how the paint behaves, how it runs and how it can be mixed. At the same time, I don't know of any good painting that doesn't also leave these rational parameters, that has no secret and that doesn't particularly love deviations. The mysterious and the vague are a favourite domain of painting.

As was usual in the GDR, my mother married young and had her first two of a total of four children in quick succession in her early twenties. This circumstance was at odds with her intellectual and artistic interests, which mainly lay in reading and writing. A family legend tells that she often hid the dirty dishes that had accumulated during the day in the barn at night, carefully covered under a pristine white sheet. A trick! In an age when all household chores were still the responsibility of women and dishwashers were unaffordable, she created space for herself to take on much more pressing tasks, such as reading Thomas Mann's *Magic Mountain* or writing her epic handwritten letters to family members or her circle of friends. The proverbial 'out of sight, out of mind' thus took on a purposeful, pragmatic dimension in the direction of art, even if the situation itself was of course not resolved by this. I always admired the freedom with which she defied everyday constraints in order to pursue her true interests. She created space and time for herself, whatever the cost. In addition to the poles of rational/irrational as essential coordinates that do not exclude but complement each other, I found in this another basic law for all artistic creation. The sociologist David Gauntlett describes this simple yet important basic law as follows:

> Creativity is a thing that you do, and also, if you are not doing it then it's not really anything. The doing is essential and inescapable. (…) The first thing for doing anything is making time to do it. This is extremely obvious but also critically important. I expect you have heard people say, 'I would love to do (some interesting activity) but I never find the time.' That's because time is not passively 'found'. We're busy. We have different kinds of work to do. (…) For most of us, hours of 'spare' time never just show up at random. Time has to be actively assigned.

To make art, we have to constantly clear space for it. All the artists I know are always doing this. Art arises in gaps that we create with a great deal of effort. The greater the effort, the greater the gap. Everyday life tugs and pulls at us incessantly, like a nagging tormentor who delights in interrupting us—with dirty dishes, toothaches, tax returns, sky-high electricity bills, the doorbell ringing, shopping, broken laptops, overdrawn accounts or searching for that misplaced file. And these are still the good times, which look friendly in the face of wars, famines and natural disasters, and would therefore be ideal for creating art. The gaps must be so large that they become space, so that they can become universes. Because artistic work is a non-stop fiddling with an infinite number of possibilities, with cross-fades of images from the past, with ideas of the future and with ideas of the present. There is a lot to do.

I assume that this abundance and my throbbing interest in the world are incorporated into my work. Paintings, drawings and objects have emerged that are narrative or abstract or both, that are sombre or cheerful, very small, very large, very expressive or very quiet. I seek a certain kind of precision that is not necessarily tied to formal precision or a style. There are topics and motifs that permeate everything in waves: science fiction scenarios of beautiful, utopian, but also destroyed landscapes, sacred motifs that mark the longing for the supernatural and the non-everyday through their drama and luminosity, and bridges to literature and music that can create room-filling resonance and strong colours, or to delicate drawings of the Golden Age of Illustration at the beginning of the 20th century.

I have been thinking a lot about the period around the turn of the last century in Europe and the years that followed. They fascinate me because the cultural and social events that occurred during that time are so closely linked to my family history. But I am also fascinated because the period seems to me like an explosion of the imagination, one that produced both horrific horrors in politics and society and incredible creative power in the arts—as if it wanted to visualise the full range of possibilities of the human imagination.

For me, the dishes in the barn are a symbol of distributing one's own strength in such a way that there is room and attention for the essential, even if the essential sometimes looks not like the essential but like something unimportant. In art, it is about 'being able to leap into a different logic,' as Michael Ende put it: 'What is required, though, is that you leap over. That has always been the problem, that anyone who wants to penetrate a very specific way of imagining and thinking must always leave behind what they were previously used to thinking in terms of other ideas.' [1]

On a day when I want to start painting or writing first thing in the morning, I don't check my email first.

Transformation

I read Thomas Mann's *Magic Mountain* twice, thirty-years apart: once at 14, because my mother loved the book, and again at 44, because I came across it again in Susan Sontag (she was also a great fan). I read two completely different books. At 14, I immersed myself in the meditative escapist mood and longed to lie on a lounger in the sun most of the time, just like the protagonist, and to dwell on (supposedly) great and (probably self-centred) thoughts. At 44, I read much more of the underlying satire that runs through the book. I was amazed at how humorous it is and laughed often. Works of art are never static, they never

1 German original quote on p. 24

contain only one truth, and at the same time they are a 'measure that remains the same while we change,' as Kolja Reichert writes. They provide a resonance chamber for one's own experiences and constantly realign us in our relationship to the world.

Can there be an artist whose work you will love consistently throughout your life? I don't feel any less enthusiastic when I look at the fairy tale book illustrations by Iwan Bilibin, which have been with me since I was a child. I can look at them over and over again. Certain books by Michael Ende, Selma Lagerlöf or the series *The Wizard of the Emerald City of OZ* (a fantastically illustrated Russian adaptation of the *Wizard of Oz*), which was very popular in the GDR, read differently as a child, but even as an adult I am still drawn in by their artistic content, by their inventiveness, their playful yet never superficial approach to the world.

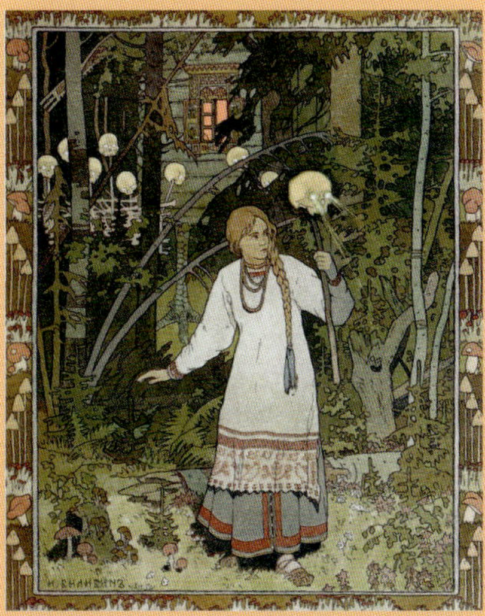

Total Recall. The forgotten picture in the chimney room

For some time now, I have been thinking about a picture that hung in our boarding house and, like Raphael's Madonna, visually accompanied my childhood every day. The painting by the Russian artist Margarita Woloschin was the only original work of art we had at home. I only vaguely remembered the painting until I recently saw the 1990 film *Total Recall* by Paul Verhoeven again. My associative link between an esoteric painter associated with Rudolf Steiner and a 1990s science fiction film starring Arnold Schwarzenegger and Sharon Stone is confusing and bizarre, and for me it is one of the many exciting moments that can arise when engaging with art. Art makes surprising, agile thinking possible. For a long time, I thought of the painting as being without motif, more as a floating colour noise, more musical than painterly. As a child, I must have encountered it daily, as it hung in the chimney room where we took all our meals with our guests. The painting, which I had forgotten until *Total Recall*, and the art historical knowledge I had accumulated over the years suddenly clicked, creating rapid connections to personal, biographical and social events related to this painter and her way of painting. It was like a successful prompt to which an AI responds effortlessly and spits out pages of links. Margarita Voloshin's paintings are unmistakably rooted in the Christian spiritual painting that emerged in the context of Theosophy and Anthroposophy at the beginning of the 20th century. This painting is floating, glazed and animated. Translucent to the point of intangibility. In its weak moments, its transcendental rapture seems to me to be intrusive and missionary, but in its strong moments it is a form of painting that remains agile, luminous, with an insatiable yearning for colours and a deep trust in the power of painted images. Like Käthe Kollwitz, Wassily Kandinsky and Paul Klee, Margarita Woloschin was part of the artistic and intellectual avant-garde of her time. She met many prominent figures, including Lev Tolstoy, Maxim Gorky, Odilon Redon, Anna Golubkina and Sergei Bulgakov. It is quite possible that she also knew Ivan Bilibin, who drew the beautiful girl with the skull and crossbones lamp (today almost an icon that goes viral again and again on Instagram). Like Kandinsky and Kollwitz, she attended Rudolf Steiner's lectures and eventually became one of his closest associates. She tried to align her life, thinking and artistic work with the idea of his world view, or better yet, to help shape this idea artistically. It often seems to me that her pictures follow a superordinate idea (and thus a didactic motivation) and a Christian impulse too closely, so that when I encounter them, I often miss the painter's own take on the world. At the same time, I believe that I intuitively learned something essential about painting from the intensity of the colours that her painting in the home by the lake emitted.

This thought leads me to what Jennifer Higgie explores in her book *The Other Side: A Journey into Women, Art and the Spirit World*, published in 2023. A number of European and international women artists of the time worked particularly productively and diversely in the context of esoteric movements, thus making a significant cultural impact on the transition from the 19th to the 20th century. They renewed and enriched art not in spite of, but because of their experiments with practices such as séances, table turning, spirit photography or Theosophical ideas, which often seem absurd today, in order to make contact with a transcendental world. Jennifer Higgie makes these artists visible in the great, shimmering stream of art history and describes their research into the supernatural and mysterious as their essential impulse, which has an inherent artistic necessity. The irrational and the fantastic are given a significant voice in the global conversation of art:

> To trust in art is to trust in mystery. The suggestion that no serious artist would attempt to communicate with, or about, the dead or other realms falls apart with the most perfunctory scrutiny. Across the globe, the spirit world has shaped culture for millennia. In the West, the Bible was the source of most pre-modern art- and it's full of magic, the supernatural and non-human agents. Where would the Renaissance be without its saints, angels and devils, its visions of humans manipulated by powers beyond their comprehension? Or ancient Greece without its gods and goddesses, who shape-shifted at a drop of a hat? Or, for the matter, the many riches of First Nation art? But then art itself is a form of alchemy—the transformation of one thing (an idea, a material) into another. It is in its nature to be allusive rather than literal, to deal in association, symbol and encryption, to honour intuition and imagination over reason—all of this chimes with much magical practice. It's as unconcerned as a prophet with accuracy.

15 March 2024, 7 p.m.

In Düsseldorf, the exhibition Hilma af Klint and Wassily Kandinsky. *Dreams of the Future*, curated by Julia Voss and Daniel Birnbaum, opens at the K20. I have never experienced it before: all the opening speeches are good and rousing, almost euphoric, even that of Minister Brandes is not a compulsory speech, but light-footed and in a good mood. The exhibition is just as rousing. 'Next to af Klint, Kandinsky looks young again,' says Kolja Reichert, leaning elegantly against the counter with a drink, and he's right. A magnificent compilation of painting that is driven from within and strives for higher things.

I flinch: a copy of the theosophical journal Lucifer Gnosis (published from 1904–1908) flashes at me from an exhibition showcase. The occult, which was so appealing to many at the time, has a bad reputation today. It frightens us because it seems uncontrollable, dangerous, and mysterious. Probably for that very reason it is particularly interesting as artistic material. Kenneth Anger's short film *Lucifer Rising* from 1972 comes to mind. I think that, as with Steiner, Kenneth Anger does not mean a satanic Lucifer, but, as the name suggests, a light-bearing figure, ambivalent, seductive, independent and rebellious. A dazzling being. A player on the border between light and darkness.

During the night, I dreamt of Hilma af Klint's swans and a deep green glass window with a sharp ray of light falling through it and illuminating a red tile on the floor. When I woke up, I knew exactly how to continue the work. There is always a form of precision and accuracy in art, but I don't know if this applies to prophets. There are moments, sometimes hours, in artistic work when everything falls into place and makes sense, when self-creating and self-determining laws and spaces arise. I fill my sketchbook with over fifty quick drawings in a few hours and finish a text that had been abandoned long before that. Now everything is clear to me.

The film *Total Recall* tells the story of humanity, which has partially migrated to Mars. This no longer seems too abstract in the 21st century. The entire setting of the film is characterised by screens, which surround people as permanently available windows into another world and as transitions to parallel realities. Technology is omnipresent, and bodies merge with it. The scenes set on Mars show futuristic rooms coloured by a reddish reflection of Mars, as if it were the coloured light that falls through the glass windows of a church designed by Sol Le Witt. In some scenes, it looks as if one of my deep red glass paintings is hanging in the background.

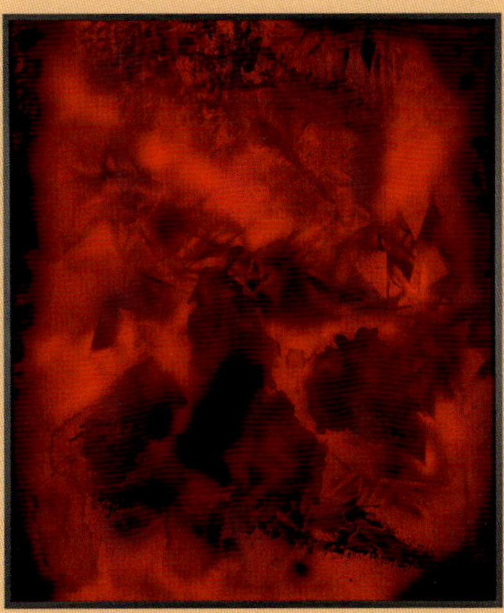

13 April 2024, 4:14 pm

A friend sends me a message saying that his Austrian company is involved in the construction of a new moon car—and 'from the moon it goes to Mars (...). More than fifty years after the last manned moon mission, various missions are being planned. The US space agency NASA plans to create an intermediate station for future Mars flights, including a space station and a base on the moon.'

Art loves the inexplicable, the absurd and the strange. (Natural) science is also attracted to these areas, because both seek the truth using their own means. Science fiction is where they meet to discuss visionary, utopian or cryptic scenarios at the interface between fact and fiction. I have a particular fascination for this genre because, in its best works, it is prescient, that is, it has the ability to anticipate developments. Similar to fantasy, science fiction stories create unknown worlds in which the rational and the irrational, the physically possible and the currently (still) impossible do not have to be played off against each other, but can be told equally, thus expanding the imagination.

I remember an interview with Edward Witten, who, if you believe a ZEIT podcast, is one of the most famous astrophysicists of our time. In the conversation, he opens up the possibility that there is not just one universe, but multiverses. In multiverses, reincarnation and time travel suddenly become imaginable. At this moment, faith, art and science are walking together, in a friendly and close embrace.

18 April 2024, 7:38 a.m.

Today would have been my oldest sister's 60th birthday. When she died, I was 23 and she was 38. She loved poems by Rilke and was the warmest person I knew. Whenever I was sick, I wanted to be with her. No one else emanated so much protection and confidence. The idea of another universe in which she still lives or lives again comforts me; I even long for it. Because of our age difference, she was like another star for me, far away, but with the certainty that everything would be fine with her (his) presence. As a child, she sometimes took me with her to work, I guess when no one else had time to take care of me. She worked as a nurse in a huge concrete building called the Ernst Thälmann Home, which stood confidently like a socialist vision of a new world on a glassy lake in the middle of a forest.

The building was demolished in 2002.

Ernst Thälmann was the first word I learnt to write at school. Our friendly teacher instructed us to repeat it over and over again on the thin black lines of our exercise books until the page was full and we had finally memorised the name. After that, we were allowed to play in the neighbouring forest. It smelled pleasantly of water and pine trees. Later, at my new school in West Germany, the children didn't know who Ernst Thälmann was.

Zwei Namen für ehemals gleiches Land
die Grenze geht mitten durchs Ich
verschiedene Farben, nur farbenverwandt
im Muster verwirren sie sich [2]

Two names for what used to be the same country
the border cuts right through the middle of the self
different colours, only related
they get confused in the pattern

Forget you have to, what you in the past learned, or: Research into the current situation

When is painting most exciting? When it is translation, surprise and improvisation. When I try to capture an idea in a picture, something third happens in the translation from idea to picture. Idea and picture, me and the world, meet and between the two something new arises, which is usually most successful when it is surprising. When I cannot determine where exactly it comes from. This means that in the process of painting, successful moments, mistakes and accidents can alternate in rapid succession, and things may happen that I had not planned. Dealing with this requires a very high degree of ambiguity tolerance, decisiveness, stamina and improvisation skills. But it also implies learning to deal with extremes: with euphoric highs and devastating lows. Even Goethe, who still subscribed to the concept of genius, says that it is not the artist or the audience that decides what is created as art, but art itself. This means that control is given up rather than gained. You have to be able to withstand this, or even love it. It seems paradoxical: the better I get at it, the more I find my own voice and realise that there are many of them. I am only now becoming the artist I always wanted to become or perhaps always was: I am developing more and more into a polyphony, a kaleidoscope that looks at the world through many coloured glasses. In a podcast, I was captivated by a lecture that said you can write good pop songs at a very young age, while you can't write an opera. Is it the same with a body of paintings? Painters who, at a very young age, at 27 for example, can look back on a coherent, seemingly complete body of work (like Kurt Cobain, Amy Winehouse or Janis Joplin in music), I can think of only a few, actually only one: Jean-Michel Basquiat. In painting, great leaps and new discoveries seem not only possible, but perhaps even more possible at an advanced age. Good examples (among many) are Hilma af Klint and Philip Guston. Painting is a time-consuming endeavour and, at least in tendency, it demands a longer path to follow.

I found one of the most beautiful descriptions of being an artist and making art in an interview with the curator Carolyn Christov-Bakargiev:

> All artists are united by the fact that they think in an intuitive way, and in an empathetic way. With empathy for the world. They take on a problem—or what they think is a problem—and approach it in a completely different way than a philosopher or scientist would. Their knowledge is not professional, but amateurish—they are 'amatori', literally lovers, because they have a love for things.

2 Wegner, Bettina (2022). Gebote, Lieder und Gedichte aus 40 Jahren. Salzgeber. English translation by the author.

Their knowledge is very empirical, even when they work conceptually, it is constantly being tested with the world and with life. And it is not productivist in the sense that it wants to achieve a goal. It accepts uncertainties, ambivalences, insecurities, mistakes. It is perhaps something like empirical philosophy. A philosopher thinks and talks about the world, but he does not use the language of the thing he is thinking about. When he reflects on water, he doesn't pour water into a glass. An artist who reflects on water would use water. If he reflects on colour, he uses colour. If he wants to change society, he does an activist project. His method is, in a sense, tautological: for spatial questions, he works with space, for sound with sound, for light with light, for representation with representation, and so on. The object of the investigation and the investigation itself are the same. This is the source of the freedom and openness of the material and the artistic language.

This is also the source of the surprises that can arise when working with the material. Developing a language under these conditions takes time. The best ideas arise from the uncalculated. Painting suffers from overambitious intentions, from being overburdened by content or a didactic approach. It can then become weak and wingless. It seems to me that painting fundamentally dislikes worldviews or political or cultural appropriation, and it is reluctant to be pigeonholed into concepts. Even if it completely devotes itself to a religious motif, for example, as was common in earlier times, it is only then timelessly touching when it also points beyond what is depicted, cannot be completely unraveled and addresses something universally human (like a longing) or deals with its own conditions in a special way (like with colour and pictorial composition). As much as it is able, through its thousands of years of history, to bring together the ancient and the very new, it is at its most interesting when it researches the present, engages with the moment of action and also unfolds through improvisation. Perhaps this is one of the reasons why painting is still a highly relevant artistic medium and why there are still many young people around the world who want to paint and even make it their profession—the countless social media accounts of very young painters prove this. Sometimes they also vividly demonstrate that it takes a very long time to paint really interesting pictures, but I still find the phenomenon remarkable in times of rapid technological development and the parallel disappearance of handwriting. Painting is not dead.

The Silver Lake

My mother loved the crystal-clear waters of the Great Stechlin Lake in northern Brandenburg, a famous lake that is now besieged by festival-like crowds of Berlin tourists on weekends. However, the lake doesn't seem to be bothered by this. Every time I visit, it lies majestically and magically in the middle of the forest, timeless, eternal and unmoved. As a child, however, I was always troubled by its beauty. There was a secret surrounding it that seemed to have something to do with me, but which I was not yet able to solve at the time. The lake was also entwined with an ancient, eerie legend, which made a powerful impression on me. My mother told it a few times, and I had the impression that it gave her the creeps, which made it all the more exciting for me. She said that the lake had an unfathomable life of its own and that on some days, despite calm weather, it would foam and bubble, changing colour from silver to jet black. Not only were there mountains and a lost village in the depths of the lake, but also a gigantic red cockerel that would flap its wings to stir up the water and drag fishing boats into the abyss. 'As he lashes the water with his mighty wings, he deafens the fisherman with his thunderous crowing and drags him down,' my mother told the story, and indeed that day the lake turned a deep black, as if it had been listening to us. My brother, however, thought it was just a nearby nuclear power plant that discharged its cooling water into the lake. The newspapers wrote that a sudden gathering of harmless bacteria had triggered the colouring. The story was thus demystified, but my vague feeling remained. When I learned the circumstances of my accidental conception years later, I understood for the first time what intuition means. But I will tell you about that another time.

For now, the pictures will tell their stories first.

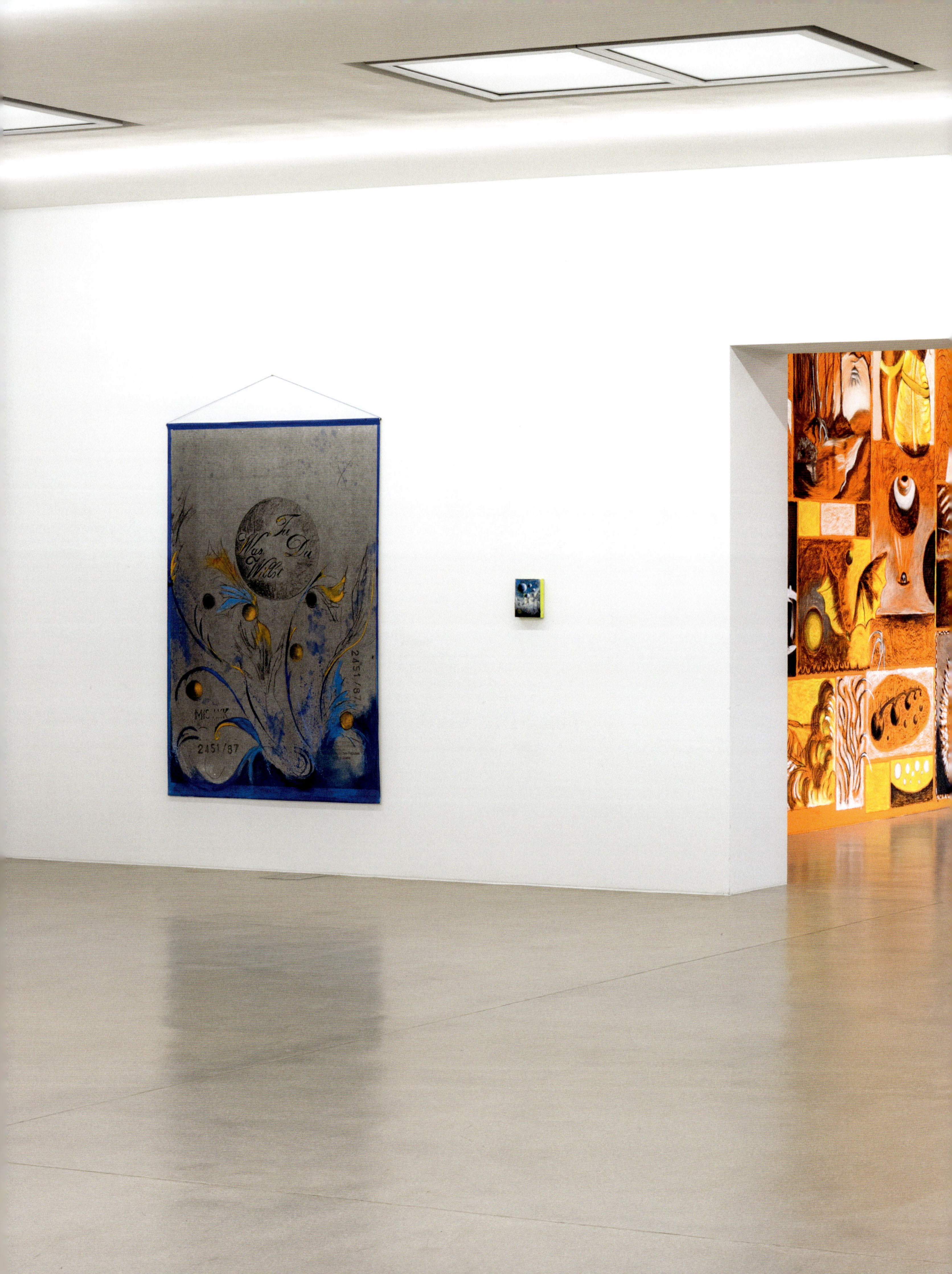
2451/87
2451/87

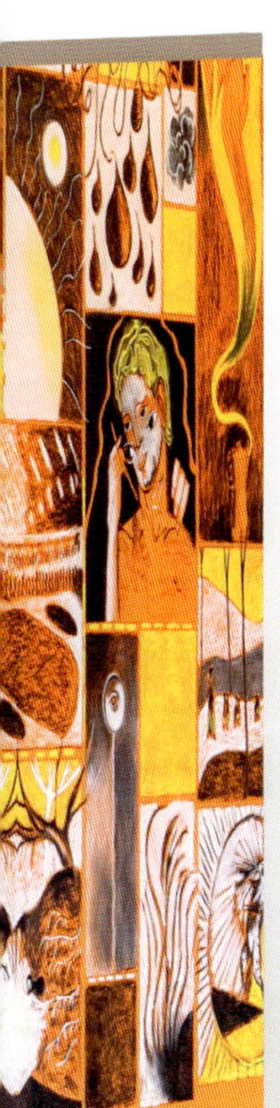

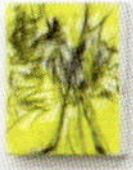

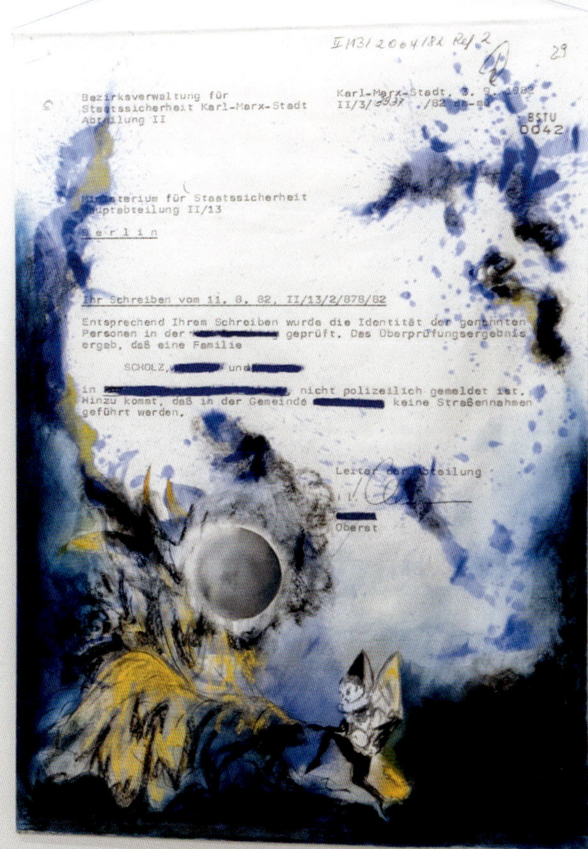
Bezirksverwaltung für
Staatssicherheit Karl-Marx-Stadt
Abteilung II
Karl-Marx-Stadt,
BSTU
0042
Ministerium für Staatssicherheit
Hauptabteilung II/13
Berlin
Ihr Schreiben vom 11. 8. 82, II/13/2/878/82
Entsprechend Ihrem Schreiben wurde die Identität der genannten
Personen in der geprüft. Das Überprüfungsergebnis
ergab, daß eine Familie
SCHOLZ, und
in nicht polizeilich gemeldet ist.
Hinzu kommt, daß in der Gemeinde keine Straßennahmen
geführt werden.
Oberst

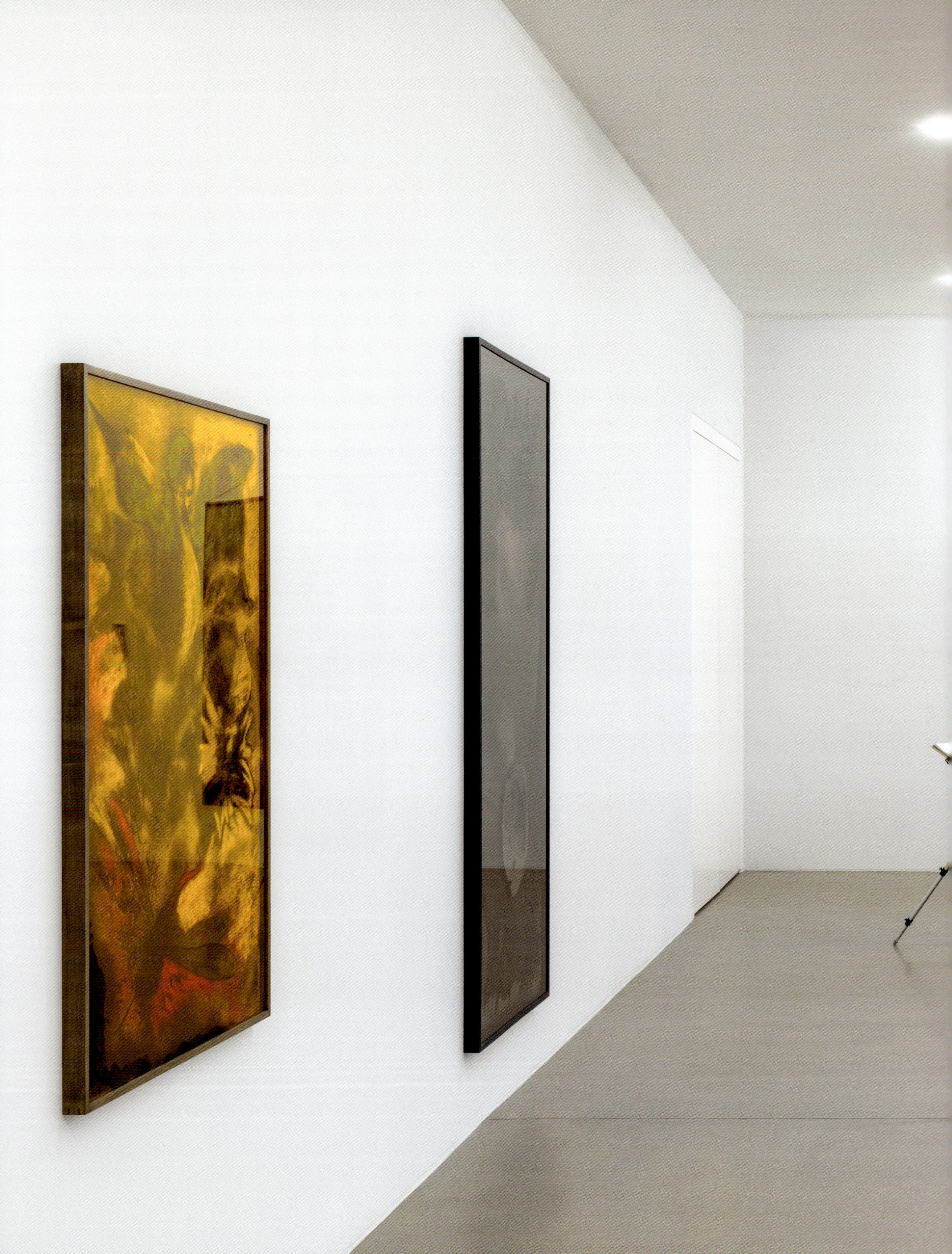

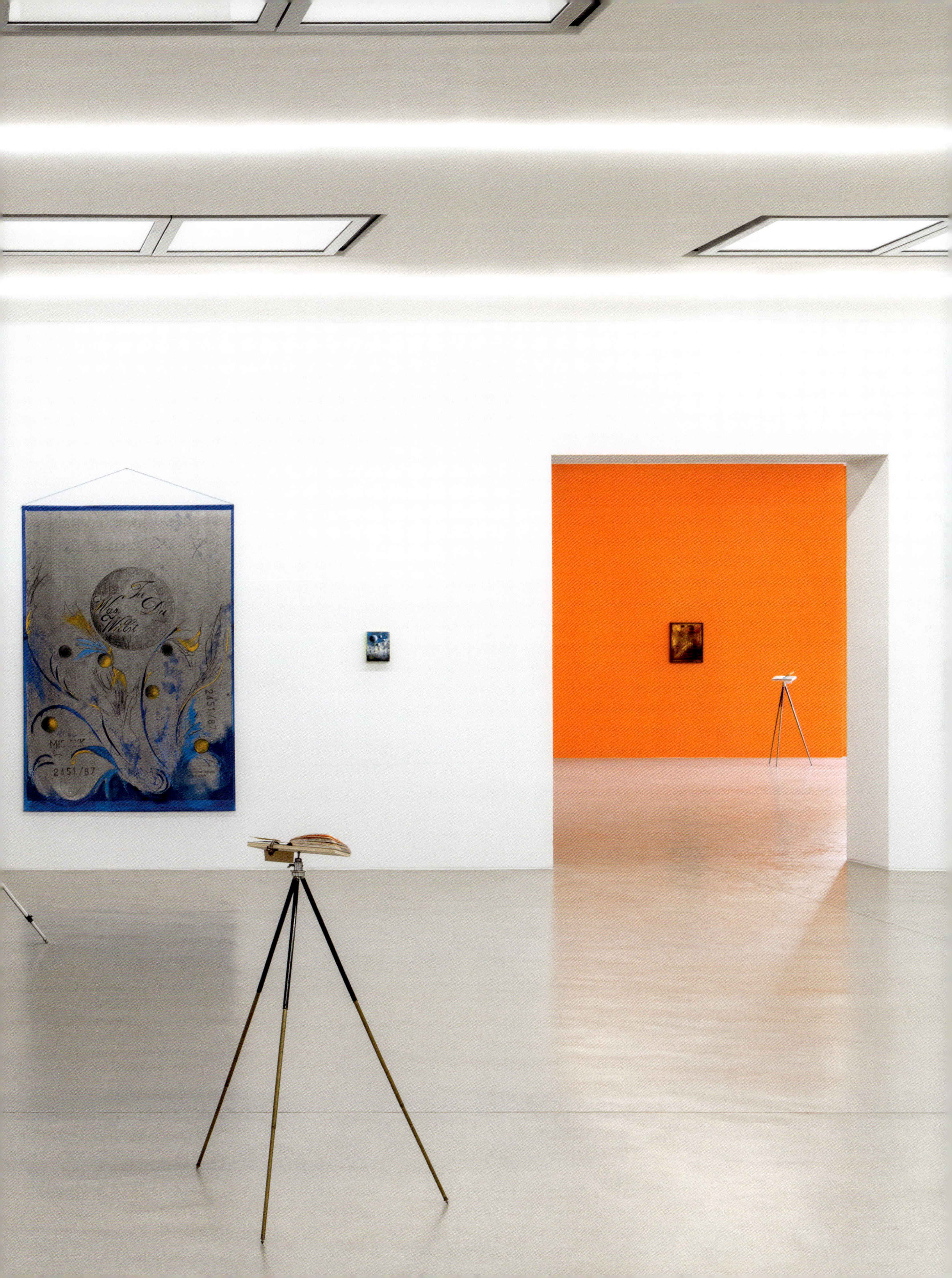
2451/87
2451/87

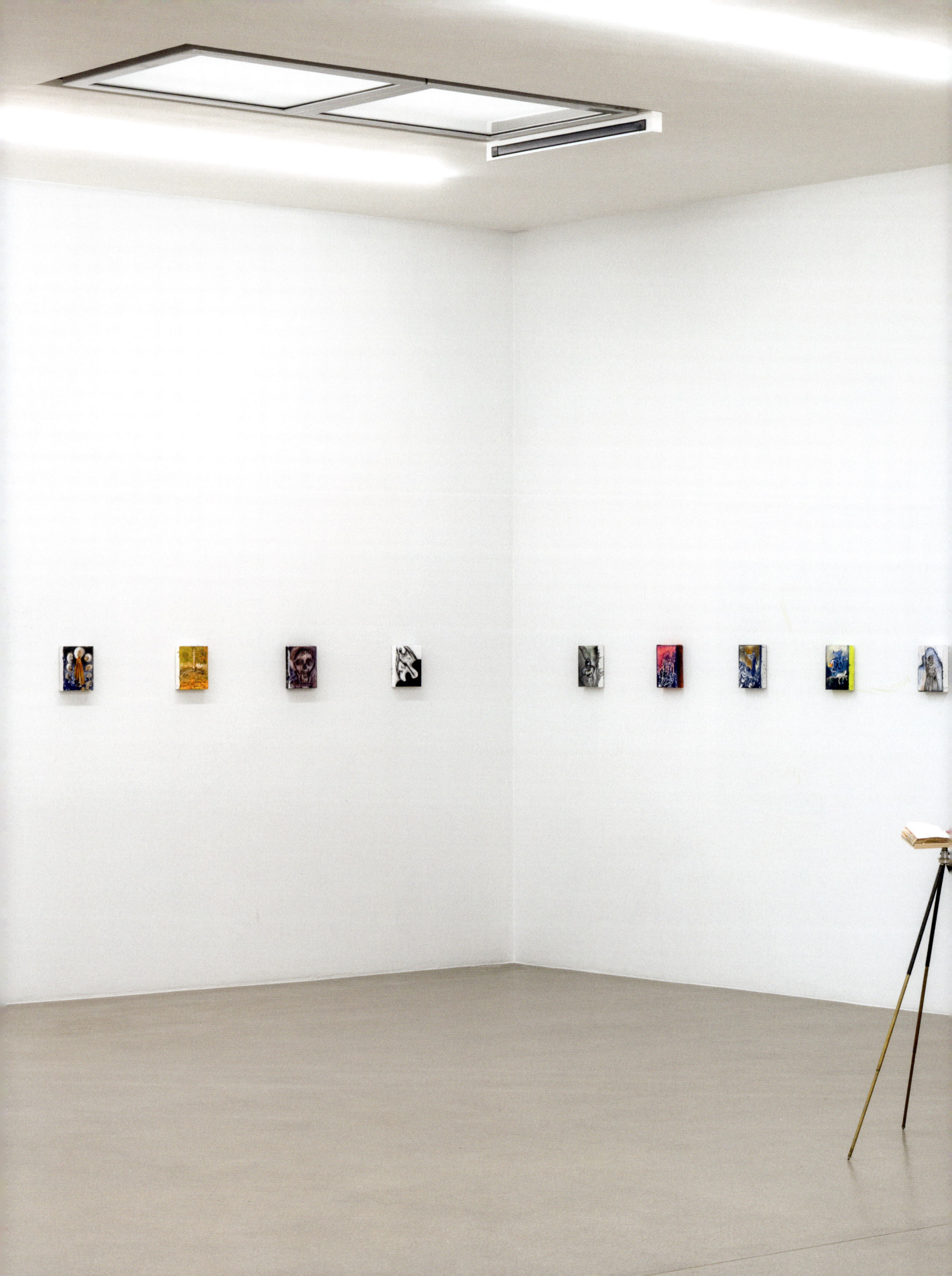

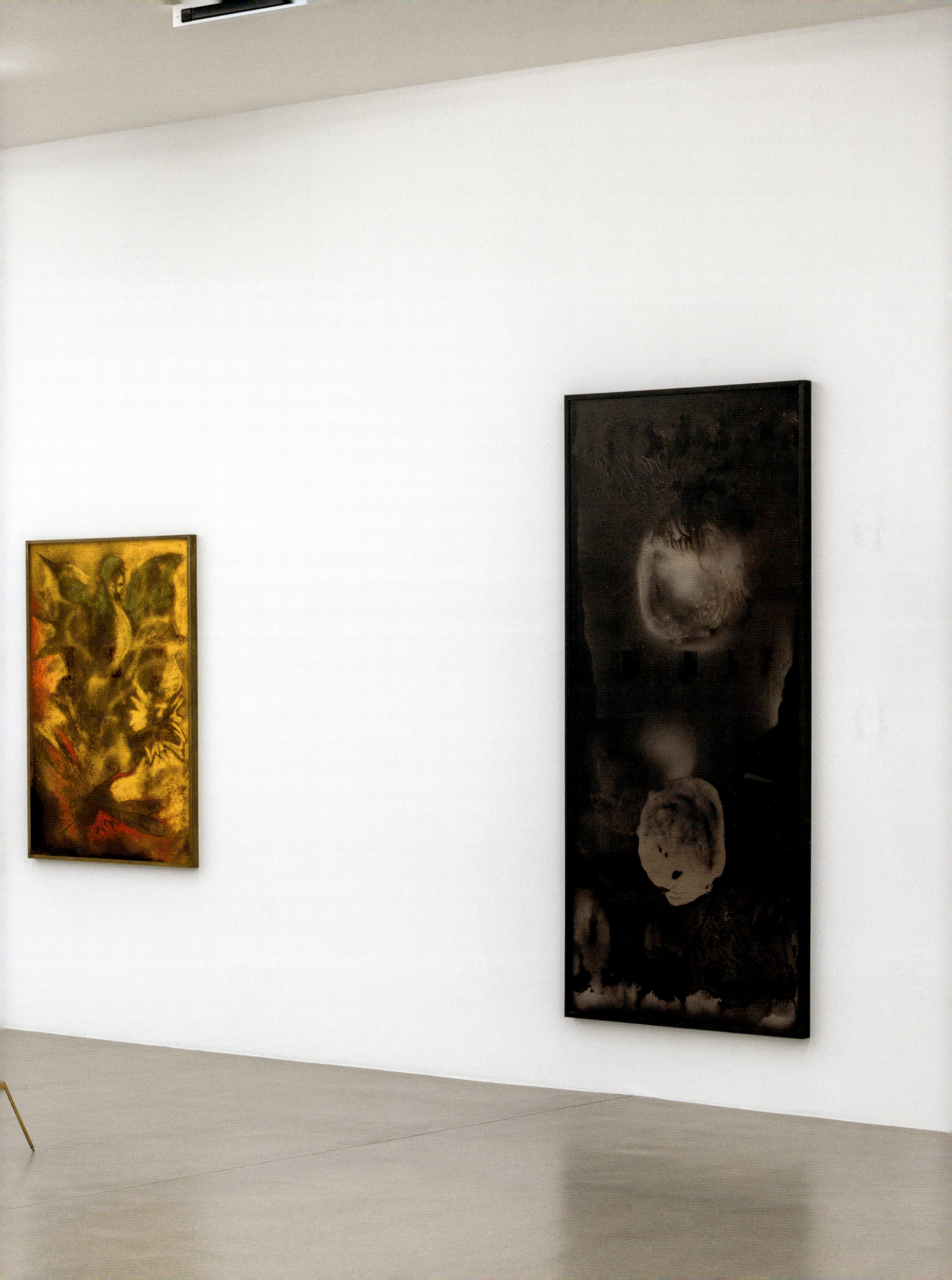

Anmerkungen ***Notes***

Mit Blick auf die Menschen, die nicht oder nur wenig Englisch sprechen, habe ich mir erlaubt, die englischen Zitate von David Gauntlett (S. 22) und Jennifer Higgie (S. 27) selbst zu übersetzen, da die betreffenden Titel (noch) nicht auf Deutsch erschienen sind. Die englische Originalzitate finden sich auf den Seiten 148 bzw. 150. Ebenso ist mir eine flüssige Lesbarkeit des Textes sowie eine möglichst klare visuelle Gestaltung desselben wichtig, weshalb ich weitestgehend auf Fußnoten verzichtet habe. Alle verwendeten Quellen, aus denen ich direkt zitiere oder die den Text assoziativ umkreisen und mitgeholfen haben, ihn aus der Taufe zu heben, sind, soweit ich sie zurückverfolgen konnte, im Folgenden aufgelistet.

With regard to those who speak little or no German, I have taken the liberty of translating the German quotations from Michael Ende (p. 148) and Bettina Wegner (p. 152) myself, as the titles in question have not (yet) been published in English. The original German quotations can be found on pages 24 and 152 respectively. Likewise, a fluent readability of the text and a visual design that is as clear as possible are important to me, which is why I have largely avoided footnotes. All the sources I have used, from which I quote directly or which have helped to give birth to the text and which it revolves around associatively, are listed below, as far as I was able to trace them.

Literaturverzeichnis ***Bibliography***

Borchers, E. (2019). Wassilissa, die Wunderschöne. Russische Märchen. Insel Verlag.
Christov-Barkagiev, C. (2023, 27. Juli). Niemand kann sagen, was ein Kunstwerk wirklich bedeutet. Monopol Magazin für Kunst und Leben. https://www.monopol-magazin.de/niemand-kann-sagen-was-ein-kunstwerk-wirklich-bedeutet
Dax, M. (2022). Was ich sah, war die freie Welt. Kanon Verlag. S. 138
Ende, M. und Kirchbaum, J. (1985). Die Archäologie der Dunkelheit. Edition Weitbrecht. S. 89
Gauntlett, D. (2022). Seven Keys to Unlock Your Creative Self. Polity Press.
Haase, C.E. (Hrsg.) (1887). Sagen der Grafschaft Ruppin und Umgebung. Verlag von Rud. Petrenz.
Higgie, J. (2023). The Other Side. A Journey through Women Art and the Spirit World. Orion Publishing Group.
Kries, M. und von Vegesack, A. (Hrsg.) (2010). Rudolf Steiner. Alchemie des Alltags. Vitra Design Museum.
Landmann, R. (1973). Ascona Monte Verita. Auf der Suche nach dem Paradies. Benzinger Verlag.
Leo, M. (2011). Haltet euer Herz bereit. Eine ostdeutsche Familiengeschichte. Heyne Verlag.
Mann, Th. (2003). Der Zauberberg. Verlag S. Fischer.
Radkau, J., in: ZEIT Geschichte Magazin (2013). Anders Leben. Wilder denken, freier lieben, grüner wohnen. Jugendbewegung und Lebensreform um 1900. ZEIT Verlag.
Reichert, K. (2022). Kann ich das auch? 50 Fragen an die Kunst. Klett-Cotta.
Rodgers, N. (2011). Le Freak. An Upside Down Story of Family, Disco and Destiny. Sphere, S. 3
Safranski, R. (2015). Goethe. Kunstwerk des Lebens. Fischer Taschenbuch Verlag.
Sontag, S. (2009). Against Interpretation and Other Essays. Penguin Books.
Steiner, R. (2014). Die Geheimwissenschaften im Umriss. Severus.
Ullrich, H. (2011). Rudolf Steiner. Leben und Lehre. Verlag C.H. Beck.
Voss, J. und Birnbaum, D. (2024). Hilma af Klint und Wassily Kandinsky träumen von der Zukunft. S. Fischer Verlag.
Voss, J. (2020). Hilma af Klint. Die Menschheit in Erstaunen versetzen. S. Fischer Verlag.
Wegener, B. (2022). Gebote. Lieder und Gedichte aus 40 Jahren. Das Buch zum Film BETTINA. Salzgeber.
Wolkow, A. (2010). Der Zauberer der Smaragdenstadt. Fischer Sauerländer.
Woloschin, M. (2009). Die grüne Schlange. Lebenserinnerungen. Verlag Freies Geistesleben.

Filme ***Films***

Lutz Pehnert. (2022). BETTINA. Edition Salzgeber.
Julian Schnabel. (1996). Basquiat. Miramax.
Steven Spielberg. (1982). E.T. the Extra-Terrestrial. Universal Pictures.
Kenneth Anger. (1972). Lucifer Rising. Cinegate.
Andrei Tarkowski. (1979). Stalker. Mosfilm.
Irvin Kershner. (1980). Star Wars: Episode V—The Empire Strikes Back. Lucasfilm.
Paul Verhoeven (1990). Total Recall. TriStar Pictures.

Podcasts ***Podcasts***

Drösser, C., Rauner, M., Schnabel, U.. (2024, 24. Juni). Woher weißt du das? Multiversum. ZEIT WISSEN.
https://www.zeit.de/wissen/2023-12/edward-witten-multiversum-wissen-podcast
Holm-Hadulla, R.M.. (2024, 24. Juni). Was Amy Winehouse und Albert Einstein kreativ gemacht hat. Deutschlandfunk Nova.
https://www.deutschlandfunknova.de/beitrag/kreativitaet-was-amy-winehouse-und-albert-einstein-kreativ-gemacht-hat

Impressum ***Imprint***

Diese Monografie erscheint anlässlich der Ausstellung *Ost/West und das Südliche Orakel*, Kunstverein Heilbronn, 1. Februar – 4. Mai 2025.

This monograph is published on the occasion of the exhibition *Ost/West und das Südliche Orakel*, Kunstverein Heilbronn, 1 February – 4 May 2025.

Kunstverein Heilbronn, Allee 28 / Kunsthalle Vogelmann, 74072 Heilbronn
www.kunstverein-heilbronn.de

Herausgeber: Max Dax und Matthia Löbke
Art Direction und Redaktion: Max Dax
Mitarbeit an dem Heilbronner Wandbild: Kayra Sirin, Alvise Bressan (Alanus Hochschule für Kunst und Gesellschaft), Susanne Zeile (Studio Bettina Scholz)

Fotograf:innen ***Photographers***

Glasbilder / Glass paintings: Marcus Schneider, S. / pp. 38/39, 41, 43, 45, 47, 49, 51, 53, 55, 57, 58/59, 61, 63
London-Serie / London series: Marcus Schneider, S. / pp. 119, 121, 123, 125, 127, 128/129, 131, 133, 135, 137, 139
Skizzenbücher / Sketchbooks und Studio view / Atelieransicht mit London-Serie, Uferhallen Berlin, 2024: Susanne Zeile und Lotte Girrbach, S. / pp. 72–91, 94–113
Lage der Fiktion – Mary Shelley und das rote Bild (Einzelausstellung, Installation Views), Galerie Santa Lucia Berlin, 2023: Marcus Schneider S. / pp. 64/65, 66/67
Ost/West und das Südliche Orakel (Einzelausstellung, Installation Views) Kunstverein Heilbronn, 2025: Studio kela-mo, S. / pp. 4–10, 12/13, 140/141, 154–159
Hyper! – A Journey into Art and Music (Gruppenausstellung, Installation View), Deichtorhallen Hamburg, 2019: Henning Rogge, S. / pp. 34/35
Ost/West (Einzelausstellung, Installation Views), Emsdettener Kunstverein, 2024: Matthias Ibeler, S. / pp. 68/69, 114/115
I Am Not My Body (Gruppenausstellung, Performance View), Künstlerhaus Dortmund, 2025: Etta Gerdes, S. / pp. 92/93

Bildnachweise Essay ***Image credits for the essay***

S. 25 / S. 149: Iwan Bilibin, Public Domain
S. 28 / S. 151: Bettina Scholz, *Roter Wanderer (Total Recall)*, 2023, Foto: Marcus Schneider

ISBN 978-3-86442-445-8
Printed in Germany

Herstellung / Production:
Snoeck Verlagsgesellschaft mbH, Dürener Straße 245, 50931 Köln
www.snoeck.de @snoeck_verlagsgesellschaft

Mehr Informationen / more information:
@bettischolz
www.bettinascholz.de

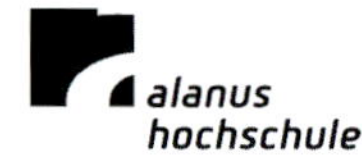

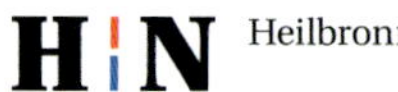

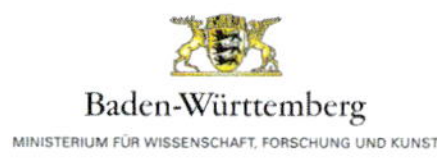